JN128603

株の学校

改訂新版

株の学校ドットコム
柴田博人 監修
窪田剛 著

高橋書店

著者に寄せられた「声」を紹介

7月に窪田先生の本を読んでトレードを再開しました。途中で、本に書かれているルールを破ったこともありましたが、今はルールを守って取り組んでいます。まだ、2対8から3対7ぐらいの割合でマイナストレードが多いのですが、今月になって金額ベースではプラスになってきました。（男性）

今の自分のやり方に足りない事を、はっきり活字でわかりやすく示してくださり、これからのトレード人生が確実に変わりそうです。ありがとうございます！（N様）

1冊の本から自分の中に変革のマグマが滞留しつつあると感じております。感謝申し上げます。（N・T様／男性）

先生のご教授は「なぜうまくいかないのか？」という私の疑問の明確な回答として、私の間違いの正確な指摘として、決して地味な内容ではなく、私にとっては「輝く」バイブルとなっています。（K様）

窪田先生が本の中で書かれているポイントを踏まえて売買しております。初心の身でありながらも300万円から徐々に投入金額を増やしてきました。昨年の8か月間での利益は460万円ほどで、これはほとんど窪田先生のおかげです。（女性）

投資とトレードの違い、正に、目からウロコの思いです。

先生のレポートを読んだおかげで、投資本がどういう立場で書かれているのか区別できるようになり、ノウハウや情報の取捨選択の時間がかなり節約されたと思います。

ありがとうございました。

（K・J様／男性）


以前はただ我武者羅《がむしゃら》に株取引をやっているだけでしたので、当然利益を出す事も出来ず、余裕のない日々を送っておりました。ところが窪田先生の話を聞いてからのトレードは、徐々にではありますが利益を出す事が出来るようになってきました。これはお世辞でも何でもありません。本当の話です。（K・S様／男性）

偶然本を発見し、パラパラとめくった際に飛び込んできた“投資とトレードは違う”の文言を目にして「これは？」と思い購入しました。読んでみると、これまで独自の方法でやってきた取引は、指摘されているほぼすべての失敗例に該当し「そりゃあ、結果が出ないよな」と納得。僕にとって株の学校は、とてもありがたい存在です。（I・Y様／男性）

今までは、そのうち塩漬け株が上がるだろうと思いながら取引を続け、失敗してきました。そんなとき『株の学校』を読んで、自分がいかに間違っていたか、ロスカットがいかに大切かわかりました。現在はわずかですが利益を出せるようになっています。

（T・K様）


株取引の基本の“き”をお教えいただきありがとうございます。窪田先生のおっしゃっていることは、誰もどの本も教えてくれません。まだ取引を始めて１年弱の身ですが、目の覚める思いで読みました。（男性）

その他、連日のように著者および著者の所属する「株の学校ドットコム」には、多数の前向きなご感想が届いています。

★こんな人に読んでほしい本です

1 株をこれから始めようと思っている人
2 株に興味はあるけれど、何をしていいのかわからない人
3 証券口座を開いたけれどそのままになっている人
4 以前株をやっていたが、塩漬けになってしまっている人
5 以前株をやっていたが、大損をしてしまい、再度チャレンジしたい人
6 雑誌やネットのおススメ銘柄を買ってみたが儲かっていない人
7 株を買うのが怖くなってしまったが、ちゃんと向き合って再開したい人
8 まぐれでなく、ちゃんと継続的に稼ぎたい人
9 相談できる人が身近にいない人
10 目的の達成のために稼ぎたい人

株を始めようと思ったときにまず悩むのが「まわりに相談できる人がいない」ということです。もしかしたらあなたもそうかもしれません。ましてや、きちんと利益を出している人が身近にいる、というケースはほとんどないのではないでしょうか。

株をやっているだけで稼げていない人にアドバイスをもらってもしょうがないですし、かといって証券会社に相談しても商品を紹介されるだけ。となると、必然的に本や雑誌、ネットを見ることになると思います。ですが、そういったところに本質的な情報は多くありません。あったとしても、理解するのが難しい場合が多いのです。その結果、**中途半端な理解のまま相場に参加してしまい、資金を失ってやめてしまう。**そんな人が本当にたくさんいます。もしかしたら、あなたもそのうちの一人かもしれません。

この本ではそんなあなたに、今後の株式市場で利益を上げていくために一番の基礎となる知識をお伝えしていきます。この本を読んだ後も、あなたは本やネットなどでたくさんの情報に出会うはずです。そのときにこの基礎がわかっているか否かで理解が大きく変わってきます。

これから株を始める人にも、すでにやっている人にとっても、とても価値のある本質的な内容になっています。

特集その1

間違いだらけの「株で1億円」

よく「株で1億円」という本や雑誌の特集を目にします。そして多くの人は「投資」で1億円儲かると思ってしまいます。

これは可能です。ただし、多額の元手か長い時間が必要です。

元手が1億円あったら10年で倍にできれば1億円稼げます。**300万円だったら、年利5%で約72年、10%なら37年で1億円です。**

これって現実的じゃないですよね。もちろん、ギャンブルみたいなやり方をすれば一時的に稼げるかもしれません。でもそんな利益は一時的なものであって、結局、すべてを失うのです。わたしは、そんな人をたくさん見てきました。

ここでいう株で1億円は「トレード」で1億円なのです。それをこれからひも解いていきます。

かんたんではありませんが、投資とトレードの違いをきちんと理解すれば、正しい道を歩んでいけるのです。

結果

元手 300万円

利益 年10%

▼▼▼

37年かかってやっと

1億円に!!

結果

元手 300万円

利益 月10%

▼▼▼

37か月(3年1か月)ですでに

1億円に!!

投資で１億円稼ぐには？

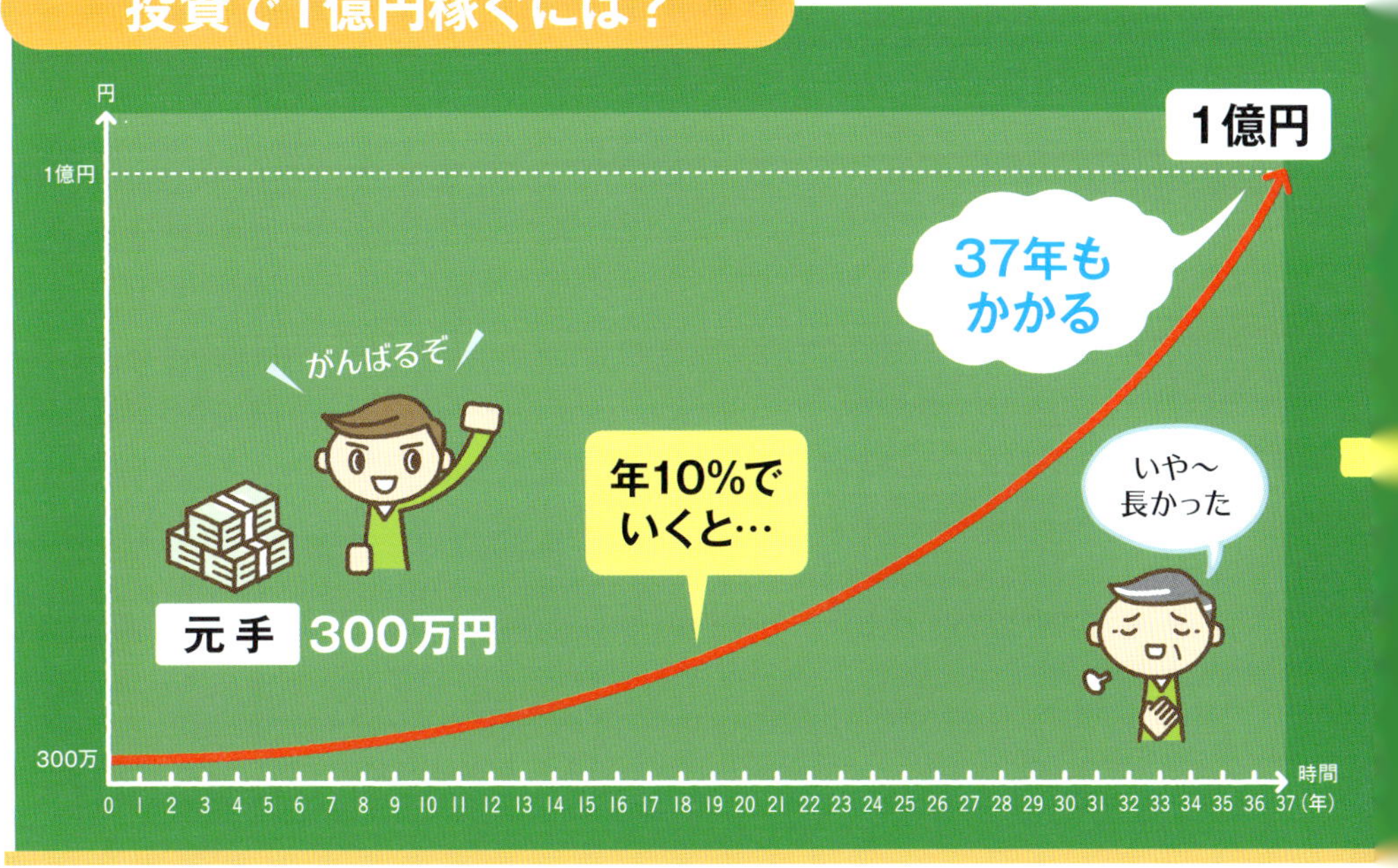

トレードで１億円稼ぐには？

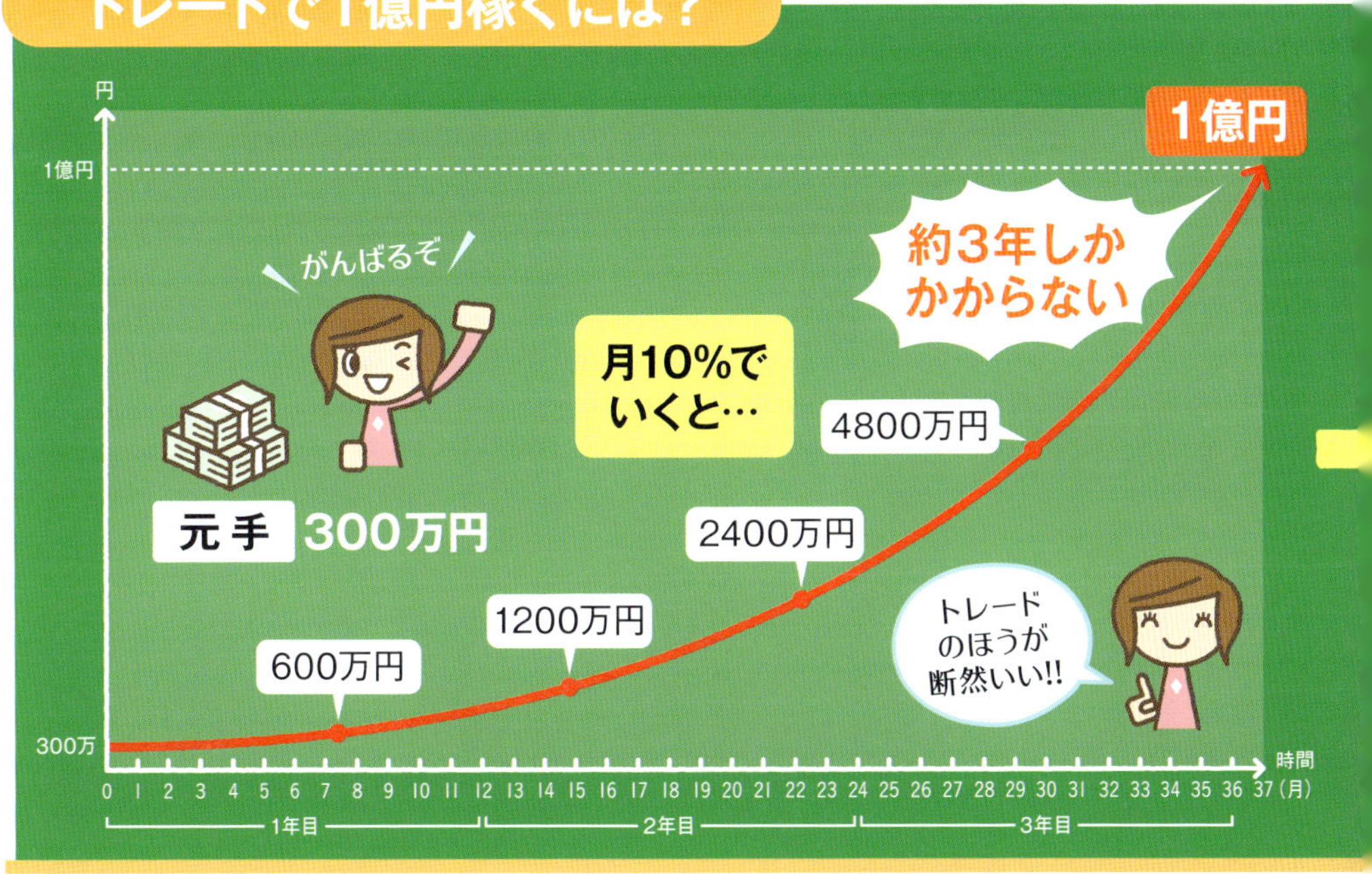

特集 その2

株は一発ドカーンと儲かるわけではない

どうしても株って、一発ドカーンと儲けるイメージがありますよね。とくに「トレード」ってそんなイメージが強いのではないでしょうか。

実際はそんなことないのですが、テレビや雑誌、インターネットで大げさに取り上げられることが多いので、そんな印象になってしまうのです。

その結果、「トレードで稼ぐ」となると、どうしても派手なイメージをもたれてしまいがちですが、実際は違います。

トレードできちんと利益を出す、継続的に利益を出し続けるとはどういうことなのか……。この感覚をつかめれば、1億円が「ぐっ」と身近なものになってきます。宝くじのように「運」がよかったら一気に儲かるとか、そんな話ではないのです。

こつこつと積み上げた先にたどりつける「普通」の金額なのです。

結果

元手 300万円
利益 年20%

1年でやっと**360万円に!!**

結果

元手 300万円
利益 月10%

1年でなんと**941万円に!!**

投資だと1年で稼げるのは？

トレードだと1年で稼げるのは？

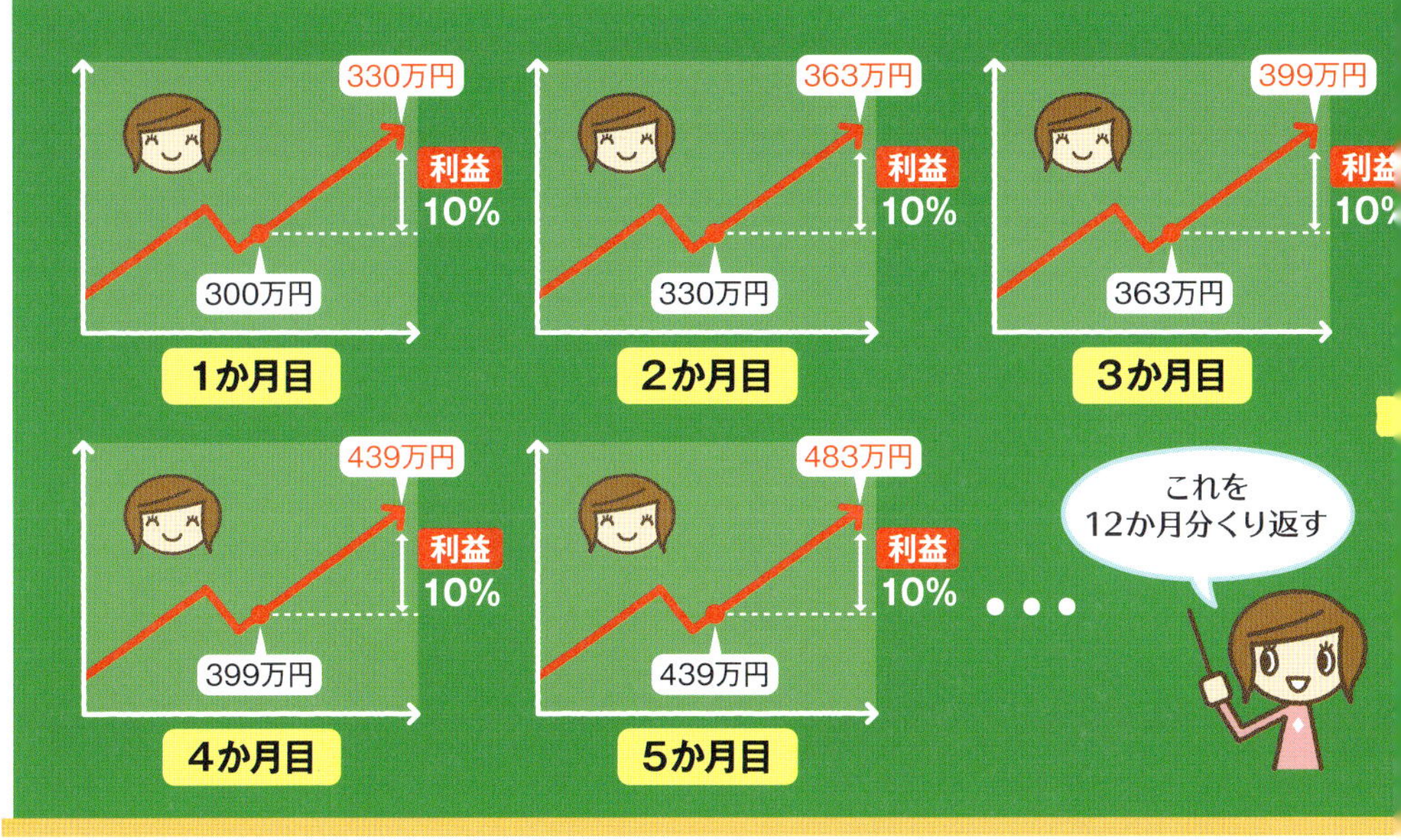

特集その3

株で失敗するのはこんな人

わたしは株のことについていろいろな相談を受けるのですが、そこで「やってはいけないこと」をやっている人がとても多いなぁ、と思うことがあります。

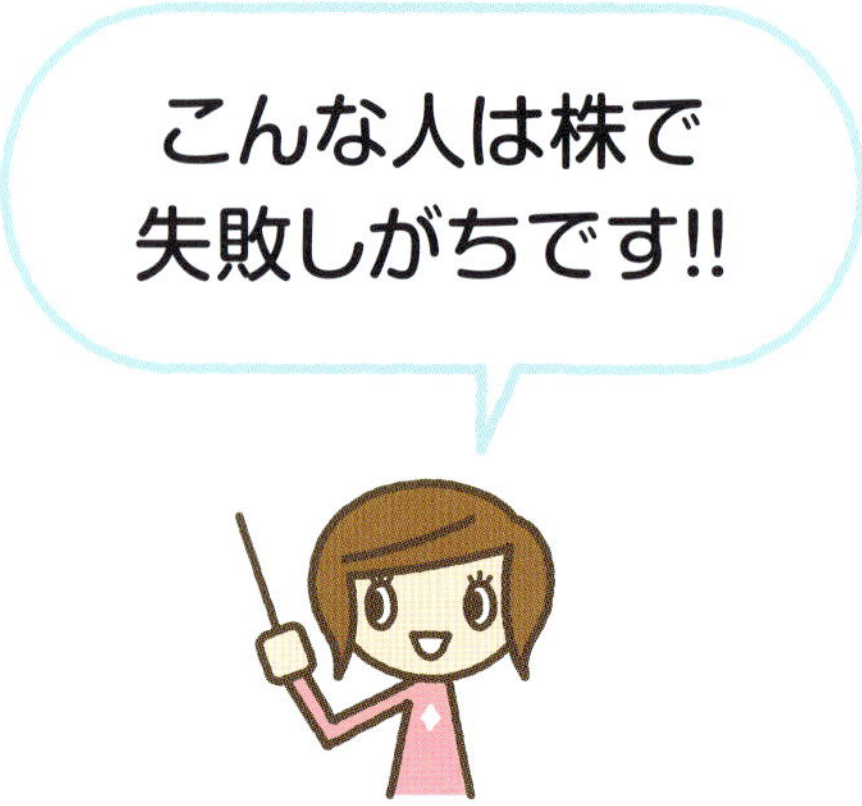
こんな人は株で
失敗しがちです!!

しかもほとんどの場合、やってはいけないとわかっているのに、やってしまっているのです。

なぜ、わかっているのにやってしまうのでしょうか。

多くの場合、「投資」と「トレード」の違いを理解せずに、とりあえず「株」を始めてしまっていることが原因になっています。

ちょっと勉強して、これから伸びそうな会社や割安な会社を買ってはみたけれど、株価が下落してしまうと「なんで下落するんだ！　あり得ない！」と思考停止状態になってしまったり、デイトレード（短期売買）のつもりで買った株を持ち越してしまい、「この株は割安だからいつか戻る」と思ってそのまま放置したものの、結局元に戻らずに塩漬け株になったりするのです。

他にも、損することを考えずに一気に儲けようとして、資金を一発で全額投下してしまい身動きがとれなくなってしまうということもよくあります。

いかがでしょうか。**これらの失敗はすべて「投資」と「トレード」の区別がついていないことに起因しているのです。**

特徴1

売買のルールを持たずに
少しの利益が出ただけで
すぐに売ってしまう!!

特徴2

株価が下がってもいつか
上がると期待してしまう。
塩漬けにしてしまうことも!!

特徴3

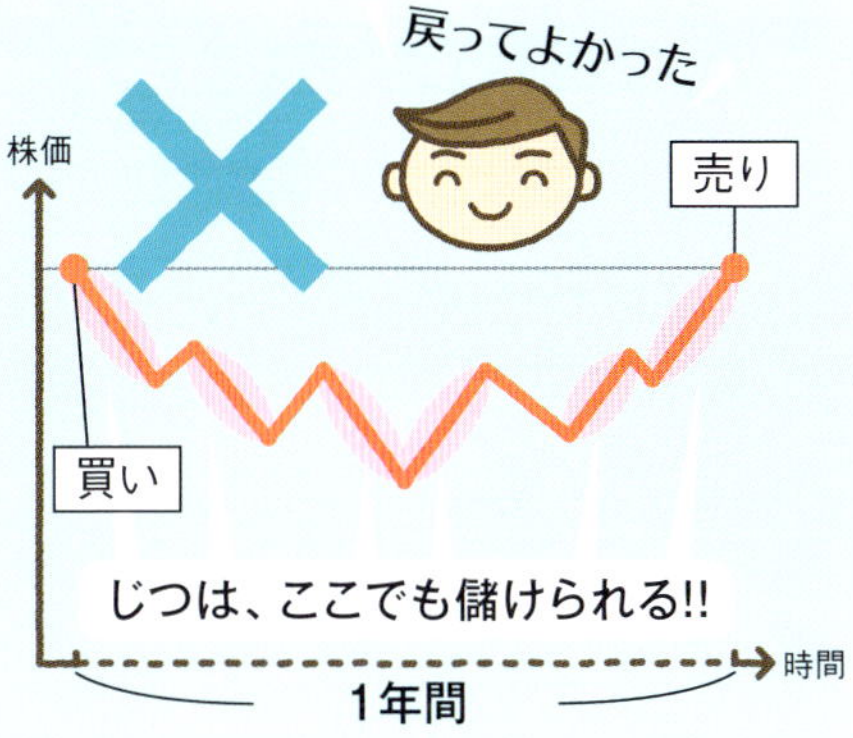

儲けのチャンスを逃している
という概念がまったくない!!

特徴4

資金の管理が甘く、一気に
全額をつぎ込んでしまう!!

特集その4

トレードで成功するには条件がある

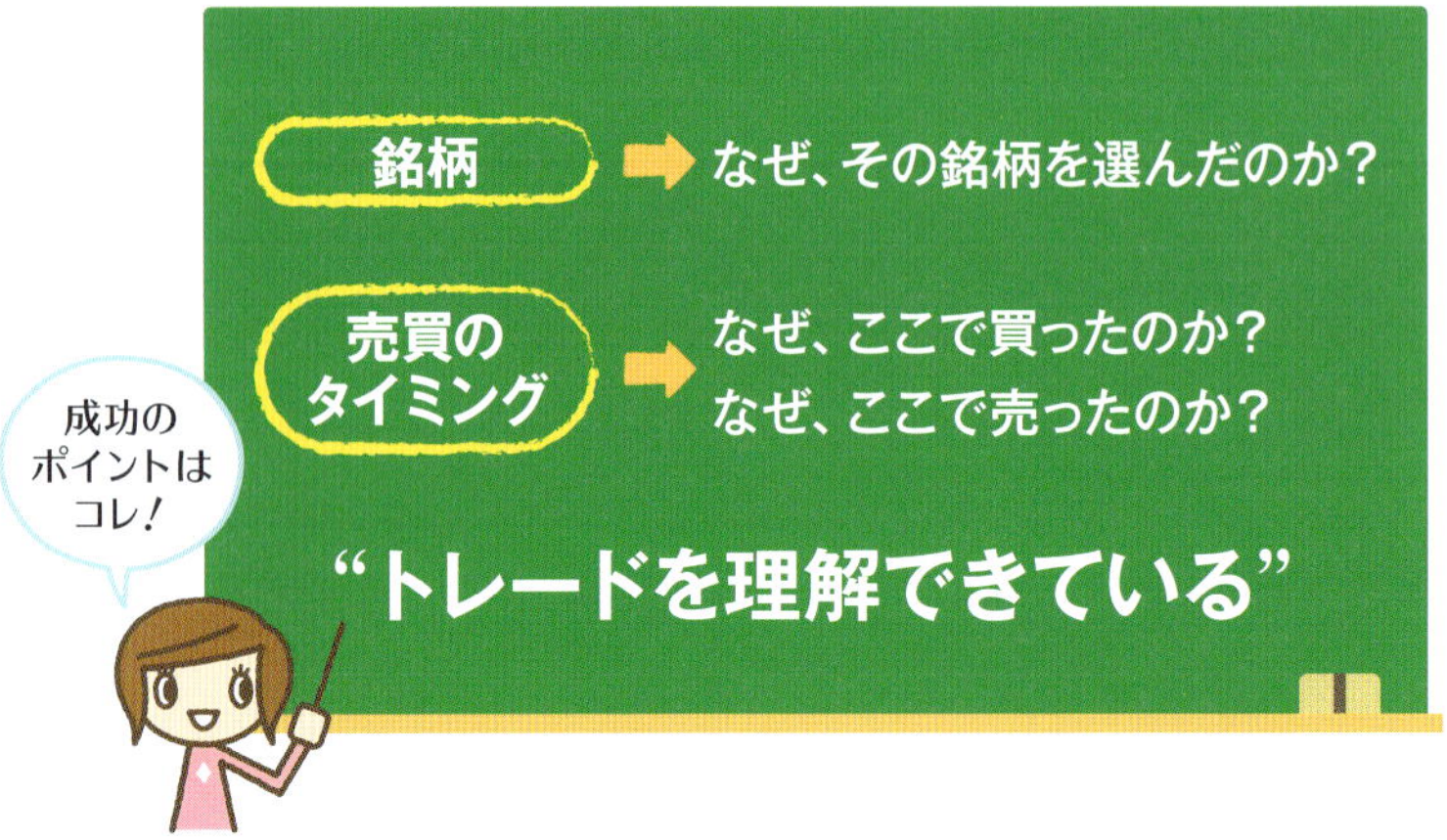
銘柄
なぜ、その銘柄を選んだのか？
売買のタイミング
なぜ、ここで買ったのか？
なぜ、ここで売ったのか？
“トレードを理解できている”
成功のポイントはコレ！

では、株で成功する人とはどんな人でしょうか。失敗する人との違いは何でしょうか。

成功している人は自分が何をしているかを理解しています。

「投資」で成功している人は、投資先について、その会社の社長よりもその企業・業界・競合他社に詳しいかもしれません。

同様に「トレード」で成功している人も自分が今、何をしているか理解しています。

成功しているトレーダーは「なぜその銘柄を選び」「なぜそのタイミングで売買したのか」をちゃんとわかっているのです。

失敗する人は自分のやっていることを理解していません。だからたまたまうまくいっても、同じようにくり返せないのです。

自分のやっていることをきちんと理解すれば、それをくり返せます。うまくいったトレードを再現できるのです。

くり返せばさらに理解が深まり精度も上がります。精度が上がれば利益も増えてくるのです。

ポイント1

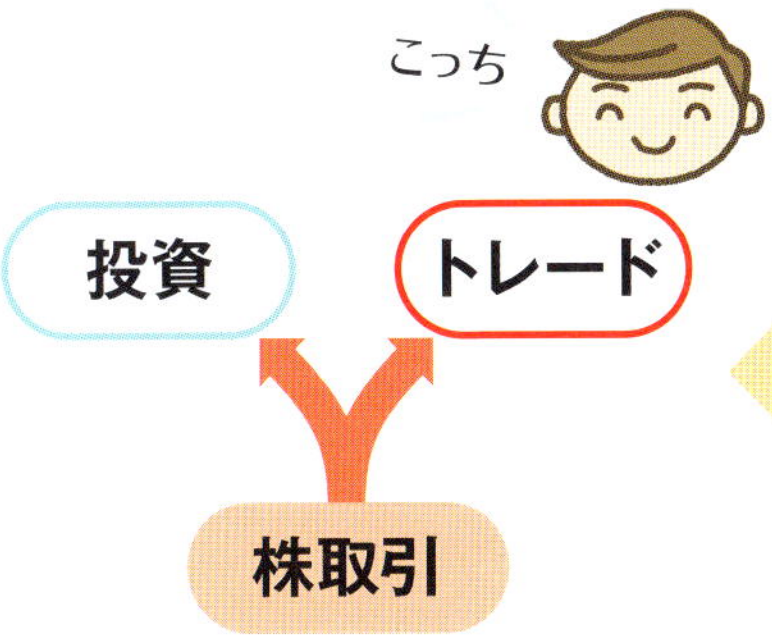

自分が「投資」をやっているのか
「トレード」をやっているのかが
きちんとわかっている

ポイント2

自分の勝ちパターンを知っている
（売買ルールを確立し、それにしたがってトレードを行っている）

ポイント3

やっていることがわかっているので、結果をトレードに生かし、精度を上げることができる

トレードは野球と同じゲーム

　ご存じない方も多いかもしれませんが、株式トレードは野球と同じ要領です。

　野球には「攻め」と「守り」があります。攻めでは得点を取り、守りでは失点をします。その差で勝敗が決まるゲームです。10対9であれば当然、10点取ったチームが勝ちです。

　どんなに強いチームでもかならず失点をします。それ以上に得点し、勝ちを競うのです。↗

ウェブから、株式トレード

↘**得点　＞　失点　→　勝利**
　得点より失点が少なければ勝利。失点のほうが多ければ負けです。
　じつは、トレードも同じです。トレードでいう攻めは「利益を出す」こと。守りは「損失を少なくする」ことです。
　トレードでも損失はかならず出るのです。その中でも利益をあげるためには、
　利益　＞　損失　→　トータルで利益
　となるように取引すればいいのです。
　これを1か月や1年の単位で考えて、トータルで利益を出していきます。そのために利益を大きくして、損失を利益よりも小さくすればよいのです。そうすれば、あなたはトレードというゲームの中で勝ち続けられます。
　では、どうすればよいのか？
　そのためにマスターすべき以下の三つの技術と実例を、CD-ROMとウェブの動画で紹介します。この技術をマスターすれば、毎年利益が積み上がる状態をつくれます。

1　損をしない「守る」技術
2　利益を伸ばす「攻める」技術
3　チャンスをつかむ「見極める」技術
4　チャートを読み解く「実践」の技

守りは
「損失」を
少なくする

上達は柔道のステップで!

ポイントは三つの技術をマスターする順番です。

「守る」技術が1番目。「攻める」技術が2番目。そして最後が、チャンスをつかむ「見極める」技術です。

この順番は柔道で技を覚えるのと同じです。

柔道では最初に受け身を覚えます。投げられてもけがをしないように、ショックを吸収する体勢を覚えるのです。まずは受け身を覚えないと、すぐにけがをして練習できません。だから、守る技術である"受け身"を最初に覚えます。

次に「攻める」技術を覚えます。相手を攻撃する技術です。大内刈り、背負い投げなどの技があり、これで相手を倒すことを覚えていきます。

そうして、はじめて試合で戦うことができます。このときに間合いをはかって仕掛ける"チャンス"をうかがいます。これが「見極める」技術です。

トレードでも同じ順番で行えば、最短で成功につながります。

まずは「守る」技術を覚えます。 すると、あなたが相場で損失を出しても、損を拡大せずに済みます。

株を始める人のほとんどは「守る」技術ができていません。なぜなら、その技を知らないからです。これを知らずにトレードを始め、ひと月分の給料や退職金を一瞬で失ってしまう人をよく見かけます。元手を失えばそこでゲームは終わりです。「守る」技術は必ず最初に覚える必要があるのです。

次に「攻める」技術を覚えます。↗

最初は守る技術の「受け身」から

特典映像

CD-ROMと無料で学べる

↘ 利益を大きく伸ばすコツは、恐怖心の克服です。あなたは自分の銘柄の含み益が増えてくると(買ったときよりも上昇すると)、早く利益を確定したくなります。なぜなら、その利益を失いたくないからです。しかし、小さくたくさん勝っても、ドカンと一発大きな損失を出して終了する人が後をたちません。

そこで、**ある決済の技術を覚えて恐怖心をコントロールし、利益が伸びる仕組みをつくっていきます。** その結果、トレードの利益は伸ばせます。

「攻め」と「守り」を覚えたら、初めて株の買い方を学びます。つまり、エントリーと呼ばれるものです。エントリーはタイミングが非常に重要です。そのタイミングを「見極める」ことで利益のチャンスをつかむのです。

「知っている」を「できる」に変える

わたしは仕事柄、株に詳しいらしい人と会うことがあります。そこで「そのことなら知ってるよ！」という人のほとんどは、実際には「できていない」のです。

なぜなら、トレードでうまくいっている人が実際に何をしているのか彼らはイメージできないからです。だから具体的な行動に移せず、"できない"のです。

では、どうすればよいのでしょうか？

それは、**イメージトレーニングの力を使えば可能です。**スポーツの世界では、一流選手は必ずイメージトレーニングをしています。

つまり、頭の中で試合をイメージし、その後に実戦を行い、勝利します。

ソフトバンクの孫正義氏は、ゴルフの腕前がプロ級ということでも知られていますが、ゴルフを始めて1年以内にスコア90台、2年で80台、3年でパープレーを達成しています。これは、普通では考えられないほどスゴいことです。しかも彼の場合、忙しい仕事の合間をぬって練習しなければなりません。

そこでどうしたのか？

世界でも有数の、スイングが綺麗といわれるプロゴルファーの映像を毎日寝る前に見たのです。それを半年間続けて、よいイメージを覚えてから、はじめて練習場に行ったのです。すると、プロのようにみるみる上達し、わずか3年でパープレーが達成できたそうです。

トレードも同じです。わたしはトレードを学ぶ中で、億万長者のトレーダーたちと会い、彼らのトレードを見る機会を得ました。そこで実際に何をやっているのかがわかり、利益を出す方法をイメージできました。その結果、早い段階から継続して利益を出せたのです。

イメージ
トレーニングで
“知っている”を
“できる”に

知識
実践

トレードチャート実例集を無料動画で公開

みなさんは通常、上級者のトレードを生で見る機会はあまりないでしょう。雑誌などに結果は載っていますが、そのプロセスまではわかりません。なぜなら、動画でないと時系列に伝わりにくいからです。

そこで、あなたに上級者のトレードのイメージを持ってもらうため、

4 チャートを読み解く「実践」の技

という動画を無料公開します。↗

↘その技とは、以下の三つのステップで成り立っています。

- **銘柄選び（どうやって選ぶのか）**
- **エントリー（いつ買うのか）**
- **決済（いつ売るのか）**

これらは無料動画ウェブサイトにアクセスすると見られます。**実在する四つの銘柄を使って、上級者はどうやってトレードしているのかを時系列に理解できるのです。**

手持ち資金300万円。この資金をもとに、どの銘柄に、いつエントリーして、いつ決済して利益を出すのか。

その流れを、チャートに解説を加えた映像で紹介します。

なお、動画では以下の四つの利益を上げたトレードをご覧いただけます。

1つ目　＋28％で33万6000円の利益
2つ目　＋7％で15万4000円の利益
3つ目　＋13％で17万5800円の利益
4つ目　＋1.9％で5万2500円の利益

利益をどうやってあげたのか、チャートをもとに解説していきます。あなたのイメージトレーニングに活用し、すぐにでも実戦で利益を上げてください。

なお、1点ご注意ください。動画はここで紹介する株（銘柄）でトレードしなさいというものではありません。銘柄を選ぶ基準は、本書で解説している基準に則したものを使っています。

まずはCD-ROMかURLを使ってアクセスし、映像を手に入れてください。

特典映像を見るには

特典映像はすべて無料でご覧いただけます

特典映像は付属のCD-ROMをパソコンに挿入して視聴するか、インターネットで指定キーワードを検索、もしくは視聴サイトに直接アクセスすることでご覧いただけます。

特典映像を専用サイトで見る

（スマートフォン、タブレットからでもご覧いただけます）

【1】本書141ページにある検索ワードまたはURLから、専用サイトにアクセスしてください。

画面上部の**「損をしない『守る』技術」「利益を伸ばす『攻める』技術」**のタイトルをクリックすると動画が切り替わります。

ご覧になりたい動画を選んで、画面上をクリックしてください。動画がスタートします。

※画面右下（赤丸の箇所）で音量を調節できます。

【2】**「チャンスをつかむ『見極める』技術」**と**「チャートを読み解く『実践』の技」**の動画をご覧になるには、画面下の黄色いフォーム空欄に「お名前（姓）」と「メールアドレス」を入力して、「登録する」ボタンをクリックして、ユーザー登録を完了してください。

※一度、ユーザー登録された方は、登録フォーム下の青いボタンをクリックすると、ログインページに移動するので、再度ログインしてご覧ください。

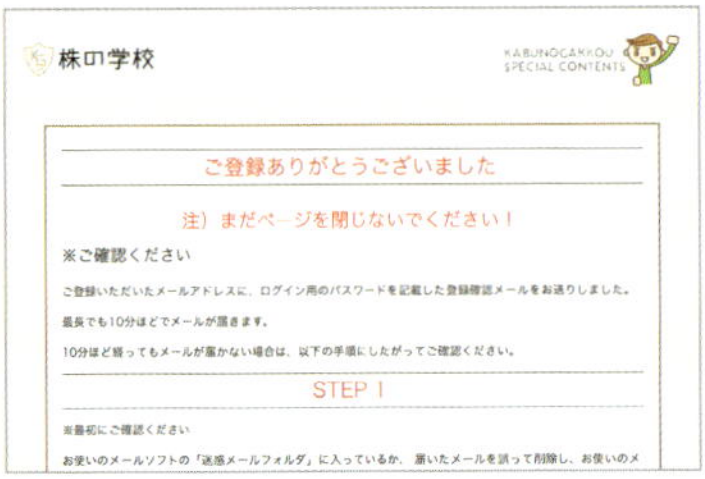

【3】左の画面になったら、開いたままにしておいて、メールソフトで新着メールを確認してください。

【株の学校ドットコム　窪田剛】から「登録おめでとうございます」というメールが届いています。

もし10分以上経ってもメールが届かない場合は、この画面の手順にしたがってご確認ください。

【4】届いたメールに記されているリンクをクリックすると、ログインページが開きます。

先ほど登録したメールアドレスと、メールに記されているパスワードを入力して、「ログイン」をクリックしてください。

【5】ユーザー向けの専用サイトに切り替わります。

画面右側の「MENU」欄から**「チャンスをつかむ『見極める』技術」「チャートを読み解く『実践』の技」**のタイトルをクリックすると、動画が切り替わります。ご覧になりたい動画を選んで、画面上をクリックしてください。動画がスタートします。

特典映像を付録CD-ROMで見る

（CD-ROMドライブ付きのパソコンまたは外付けドライブが必要です）

【1】パソコンにCD-ROMを挿入すると、すぐに左の画面が出てきます。

（Macintoshをご利用の方は、CD-ROMのフォルダの中から「forMac」というアイコンをダブルクリックしてください）

画面右側の「MENU」欄から、ご覧になりたい動画を選んでください。

「損をしない『守る』技術」と**「利益を伸ばす『攻める』技術」**はすぐに動画がスタートします。

※最上部（赤枠の箇所）で音量を調節できます。

【2】**「チャンスをつかむ『見極める』技術」**と**「チャートを読み解く『実践』の技」**のタイトルをクリックするとブラウザが立ち上がり、専用サイトが開きます。

画面下の黄色いフォーム空欄に「お名前（姓）」と「メールアドレス」を入力して、「登録する」ボタンをクリックして、ユーザー登録を完了してください。

※一度、ユーザー登録された方は、登録フォーム下の青いボタンをクリックするとログインページに移動するので、再度ログインしてご覧ください。

以降の手順は、「専用サイトで見る」の【3】〜【5】の解説をご覧ください。

【特典映像の視聴方法・操作方法などに関するお問い合わせ先】

株の学校ドットコム（運営元：株式会社トレジャープロモート）
TEL: 03-3216-7354　営業時間：月〜金 午前９時〜午後５時（土・日・祝日休み）
メールアドレス　info@tpromote.com

もくじ

PART3 今度こそ利益を出す! 銘柄選びのルール

PART4 誰も教えてくれない! チャートの本当の読み方

PART5 いつエントリーするか？ 売買のタイミング

PART6 実践！ トレーダーが実際にやっていること

編集協力／ネジエディトリアル、岩崎博充
本文フォーマット・DTP ／ ISSHIKI
イラスト／神林美生

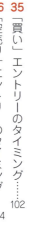

PART 1
なんでこれまで儲からなかった?

投資とトレードがごちゃ混ぜになっている

トレードしているつもりが投資になっている

株でうまくいかない人の大半は、「投資」と「トレード」の違いを理解せずに売買をくり返しています。この二つの違いを知らずに売買していても、ほとんどの場合、利益を出し続けられません。

「投資」とは、その会社の価値や将来の成長に資金を投ずることです。半年、数年、十数年という比較的長い期間で、その企業を見なければなりません。

「割安だから買う」「決算がよかったから買う」といったような取引では、**企業の価値に着目して資金を投じています。**

こうした取引はすべて「投資」になります。

投資は「価値に」トレードは「価格に」

一方、**トレードは株の価格＝株価の動きに資金を投じること**です。

日々刻々と動いている「株価」に焦点を当てます。わかりやすくいうと、「ローソク足」などで構成される「チャート」を見るのです（PART4参照）。

これらを見ることで市場参加者の心理を読んで、資金を投じるのです。

チャートは隠された市場参加者の心理やその変化を「見える化」したものです。

たとえば、どんな銘柄でも株価は上げ下げをくり返しながら動きます。なぜ上下をくり返すのかといえば、そこに「人」がいるからです。

人＝市場参加者がいろいろな価値観や判断基準をもって資金を投じるため、市場はゆれ動きます。

ゆれ動く心理を読んでその動きに資金を投じるのがトレードです。

投資とトレードは別モノ!!

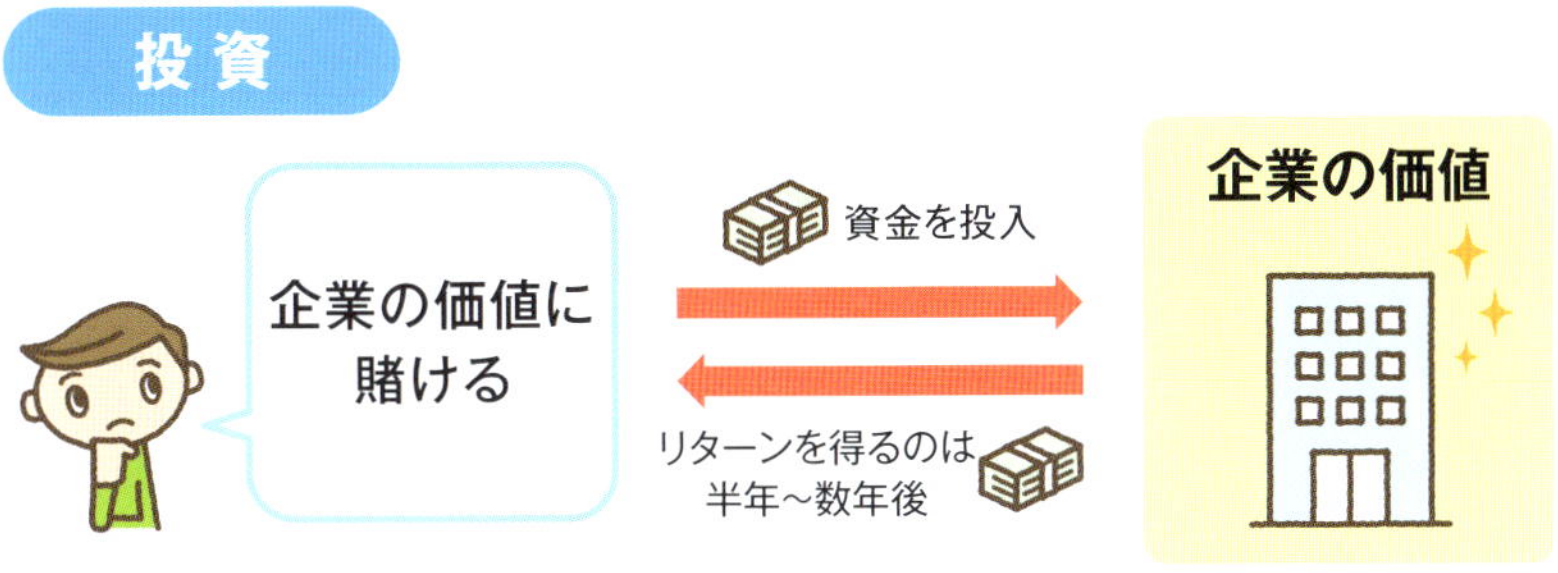

企業の成長を長いスパンで見て資金を投入

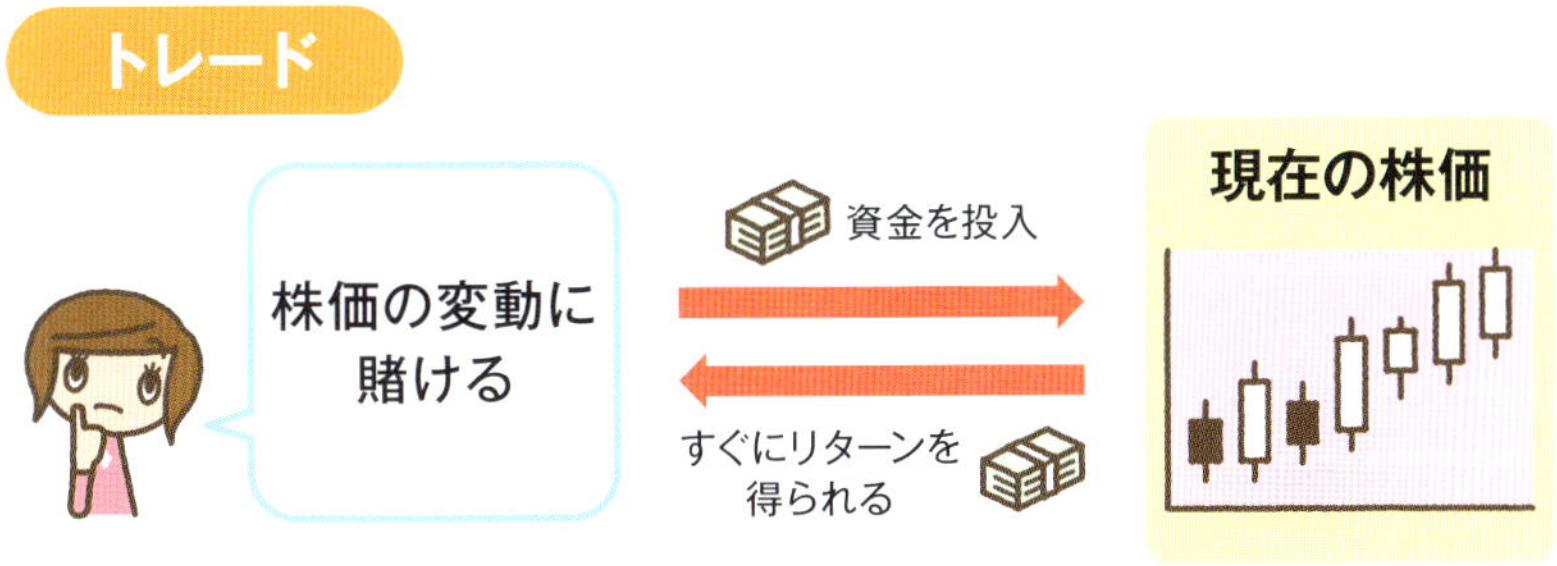

市場の投資家心理を読んで資金を投入

One point!

証券会社を選ぶ基準

証券会社の選択もトレードで勝つためには重視したいところです。

スイングトレードのように、わりと頻繁に売買をする人は、どうしても売買手数料が気になりますから、少なくとも売買手数料の安いオンライン証券を選ぶ必要があります。

それだけではなく、本書で活用する「逆指値注文」などの注文ができる証券会社を選ぶ必要もあります。また、チャートが見やすい、ツールが使いやすいというのもポイントです。

投資とトレードはルールがまったく違う！　それぞれの特徴をしっかり学ぼう

「投資」には手間とお金と時間がかかる

「投資」のための分析はとっても複雑！

株をしている人のほとんどは、「自分は投資をしている」と思っているのではないでしょうか。

問題は、その投資の本質です。

前項でもお話ししたように投資とは、その「会社の価値や将来の成長に資金を投じること」です。

ですから、**その会社の財務状況や業績、事業内容などをきちんと調べなければなりません。** 四半期（3か月に一度）ごとに発表される業績を分析するだけでなく、様ざまなニュースに常に注意を払わなければなりません。しかも企業分析を専門に行うアナリストですら、業績や株価が上がるかどうかは、正確に予想できる訳ではないのです。分析で彼らに立ち向かうには、彼ら以上の情報収集力と時間が必要になるのです。**さらにその会社の業績が上がっても、株価が上がるまで5年も10年も待たなければならないこともあるのです。**

「投資」には「元手」が不可欠

投資では年率約7％の利益を上げ続けられれば大成功です。そのためには分散投資が不可欠です。たとえ1社がダメでも、別の会社への投資でカバーできます。

となると、1年で300万円以上を稼ぐには、4285万円程度の元手が必要です（300万÷4285万＝7％）。

このように投資には「手間」と「時間」、「お金」がかかるのです。

もちろん、「投資」にもいい面があります。数十億のような大きな資金でもリスクを抑えながら運用しやすく、また、株を持つことで世の中のお金の流れを学べます。

投資とトレードのメリット・デメリット

「投資」

メリット

- 企業が安定していれば、ある程度収益も安定する

デメリット

- 時間がかかる（半年～数十年）
- 多額の資金が必要
- 企業の成長を見極める能力が必要
- 財務分析が必要
- 年7%の利回りを継続することも困難

「トレード」

メリット

- 比較的短期間で利益を出せる（数十秒～数週間）
- 多額の資金を必要としない（100万円～）
- 財務分析が不要
- 1年で100%以上の利回りが可能

デメリット

- リスクを取りすぎると損失が膨らむ
- 定期的に株価チャートを見る必要がある
- 銘柄選びや売買のタイミングにスキルが必要

One point!

稼ぐには「投資」より「トレード」

いざ、企業分析をするといっても、たいていの場合、雑誌や新聞をよく読むようになったり、特定の業界を意識するようになったりするぐらいで終わってしまいます。

しかも、含み損をかかえてしまうとそれさえもしなくなり、やがて証券会社にアクセスすらしなくなり、いつのまにか「塩漬け株」（第14項）のできあがりです。

資金が少なく、投資の知識に明るくなければ、成果を出すのに手間もお金も時間もかかる投資は選ぶべきでないでしょう。

少額から始められる投資も増えていますが、まだまだメリットが小さい

「トレード」では株価の動きを見る

「投資」より「トレード」のほうが合理的

「トレード」とは、株価の動きに焦点を当てるもの。現在、その企業の株を買っている・売っている市場参加者が、今後どのように動くか。その心理が判断基準になります。ただ、１００％予想したとおりに動くことはありません。

過去の動きから大体の方向をイメージして売買し、それを積み重ねながら利益を出していくのです。

わたしの場合、一つの銘柄を2～3日から2週間程度で売買する「**スイングトレード**」というやり方をしています。

投資に比べて売買のスパンが短いので、**失敗を挽回し、利益を上げるチャンスが、年に何度もあります。**

投資だと成功や失敗がはっきりするのが数年後ということもあります。さらに、失敗を挽回するのにまた何年もかかる場合もあるのです。

投資は作物の「栽培」トレードは「収穫」

投資とは「作物を育てて収穫する」イメージです。

一つの作物しか育てない場合、疫病などで収穫できない年もあります。とはいえ、複数種を育てるには多くの田畑が必要で、多額の資金が要ります。さらに台風などの災害で、ぜんぶ失うことだってあるでしょう。

一方、**トレードは「実っている作物を探しだして収穫をする」イメージです。**作物の種類はなんでもいいのです。どんな場所でも季節でも、鎌一つで収穫できる作物はあります。当てにしていた畑で収穫できなかったとしても、すぐに別の畑に行けばいいのです。

トレードには三つある

スキャルピング

➡ 超短時間（数秒～数分）で売買するトレード

時間が短い分、一度の利益幅は小さいが、取引回数を多くできる。うまくいけば早く利益が上がるが難易度も高い

つねに株価を見ていないとムリ！

↓

デイトレード

➡ 1日のうちに売買を済ませるトレード

市場が閉じた後の変動要因の影響を受けにくく、かつ経済や金融情勢に関する知識をあまり必要としない

↓

スイングトレード

➡ 数日～数週間で売買を済ませるトレード

株価の上昇・下落に合わせて「買い」と「売り」をくり返すため、少ない資金で効率よくトレードができる

他の仕事をしながらでもできる！

用語解説

ファンダメンタルズ

「経済の基礎的条件」ともいいます。

たとえば、経済全体のことであれば「GDP（国内総生産）」「貿易収支」「経常収支」「消費者物価指数」「失業率」といった、景気全体の動きを示す基礎的な指標のことを指します。

個々の企業の場合は、「売上」や「経常損益」「有利子負債」といった、その企業全体の財務状況をあらわすような指数です。

これらの推移を見て、株価がどう動くのか、長期的なトレンドを予想できますが、ここでいうトレードには必要ありません。

UP 投資が30年で1億円なら、トレードでは3年で1億円！

04

「投資のつもり」でトレードするから失敗する

素人の「投資」は〝なんちゃって〟トレード

株を始めるほとんどの人が、投資とトレードを混同して失敗しています。

「投資のつもりがトレードに」「トレードのつもりが投資に」なっていることこそ、株で失敗する大きな理由です。

たとえば、「投資」しているつもりなのに「株価の動きばかり気にしている」人がよくいます。

「投資」で重要なのは、その企業の価値であって、短期間の株価の動きではないのです。にもかかわらず、**ちょっと上がったら売る、下がったら塩漬けにしてしまう。これでは投資でないどころか、トレードですらありません。**

また、「投資」をしているにもかかわらず、きちんと企業の業績を分析しない人が多いのも事実です。

有価証券報告書をはじめとする決算資料にもほとんど目を通さず、業績よりも日々の株価の動きを見て売買している……。

そんな人は投資をしているのではなく、〝なんちゃって〟トレードをしているわけです。

中途半端じゃ儲からない

一方「トレード」でも、投資と混同して失敗する人が多いです。

トレードをしようとして買った銘柄が下落してしまったとします。本来ならば次のチャンスのためにロスカット（損切り）しなくてはいけないのに、「いやいやこの会社には将来性がある」などと保有し続けてしまい、あげくのはてに塩漬け株にしてしまうのです。

投資とトレードの混同や勘違いは、株取引では致命的なのです。

中途半端な投資・トレードは失敗の元

投資するぞ!

市場参加者

- 「A社は業績がよさそうだ」 → 投資行動
- 「5年後には倍になりそう! 買い!」 → 投資行動
- 「1週間で10%上昇。儲かったので、もう売ってしまおう!」 → トレード

トレードと投資がごちゃ混ぜになっている!!

トレードするぞ!

市場参加者

- 「株価上昇のサインだ。買うぞ」 → トレード
- 「あれ? 下がってきたぞ?」 → トレード
- 「いや、この会社は業績がいいのでロスカットせず持ち続けよう」 → 投資行動

投資に必要な情報でのトレードが失敗(損失)を生む

One point!

大化け株はねらうな!

多くの銘柄の中には、他の銘柄を凌駕するように大化けするものがあります。

かつてのソニーや任天堂など、当初の何百倍にも成長する銘柄のことです。

こうした銘柄に投資できれば素晴らしいのですが、何百倍になるには何十年もかかりますし、外したときには取り返しがつきません。

かかる時間や失敗したときのことを考えると、何度もチャンスのあるトレードのほうがはるかに有利なのです。

「業績の良い株での『トレード』なら損切りしなくてよい」は絶対にダメ!

05 専門家おススメの銘柄は当てにならない

分析のプロと運用のプロは違う

投資には様ざまな情報が必要になるので、株を始める人はまず、専門家の意見に耳を傾けようとします。わたしも初めて大手証券会社で口座をつくったとき、「アナリストレポート」をもらって「プロの分析が手に入った！　すごい！　これで明日から億万長者だ！」とわくわくしたのを覚えています。

もちろん、億万長者になれるわけがありません。

企業分析を専門に行うのが「証券アナリスト」と呼ばれる人たちです。決算書や事業計画書などを詳細に分析します。そして、**その企業が現在、健全なのか、懸念材料があるのか、成長性はどうかという分析をします。**

投資に必要なのは会社の未来

ただ注意したいのは、証券アナリストをはじめとして、証券会社（の人）は**運用の専門家ではないということです。**自身の運用には制限も多く、やったことがない場合も多いのです。

そもそも証券アナリストは、民間の団体（社団法人）が認可している資格でしかないのです。

さらに投資で大事なのはその会社が「**将来どうなるか**」です。

それを導き出すために、彼らは様ざまな分析を行うのですが、じつのところ、その企業の経営者ですら、自分の会社や業界が将来どうなるかということは、正確に予想することはできないのです。

専門家の意見を参考にするのは大事ですが、**それをうのみにしてはいけません。**

どうして専門家は当てにならない？

One point!

証券アナリストには、投資への制約が多い

証券アナリストをはじめとする、投資関連業界の人が自身の個人資産を運用するには、コンプライアンス（法令遵守）上の制約（たとえば、買った株は３か月間、売却できない。売買するには事前に上司の許可が必要など）が非常に多く、個別株への投資を行いにくい状況にあります。

したがって、自身の資産運用を個別株投資で行う人は、あまりいません。

ファンドマネージャーは運用の専門家といえますが、アナリストは運用の専門家ではないのです。

たとえ会社の内容がよくても、いつそれが株価に反映されるかはわからない

06

トレードにファンダメンタルズ分析は不要

トレードに割安・割高・業績・成長性は必要ない

トレードに必要なのは目の前の「株価の動き」であると、これまで述べてきました。

実際にわたしはトレードをするとき、資金を投じる銘柄の**ファンダメンタルズ分析はしません。**また、直近の業績や予想も基本的に見ません。

最低限のニュースは見ますが、これはあくまでも「市場全体」のトレンドを知るためで、これを元に売買することはありません。

すべての企業情報は株価に反映されている

貸借対照表、損益計算書、キャッシュフロー計算書をはじめ、「投資」では様ざまなデータを常に細かく見る必要があります。

一方、トレードはチャートから市場参加者の心理・需給を読んで、ちょっと先の未来をイメージするやり方です。

じつは「チャート」には、企業の業績、ファンダメンタルズ分析の結果もあらわれているのです。

なぜなら、ファンダメンタルズ分析を行って「投資」している人たちの売買も、チャートに反映されているからです。

投資している人もトレードしている人も「上がる」と思ったら「買う」のです。そして誰かが買えば、その行為はチャートに反映されます。

たくさんの市場参加者が「上がる」と思っているとき、チャートにはそのサインがあらわれます。

そのサインにしたがって、さらに多くの参加者が買うので、株価はさらに上がっていくだろうと読むことができます。

トレードに必要なのはチャート!!

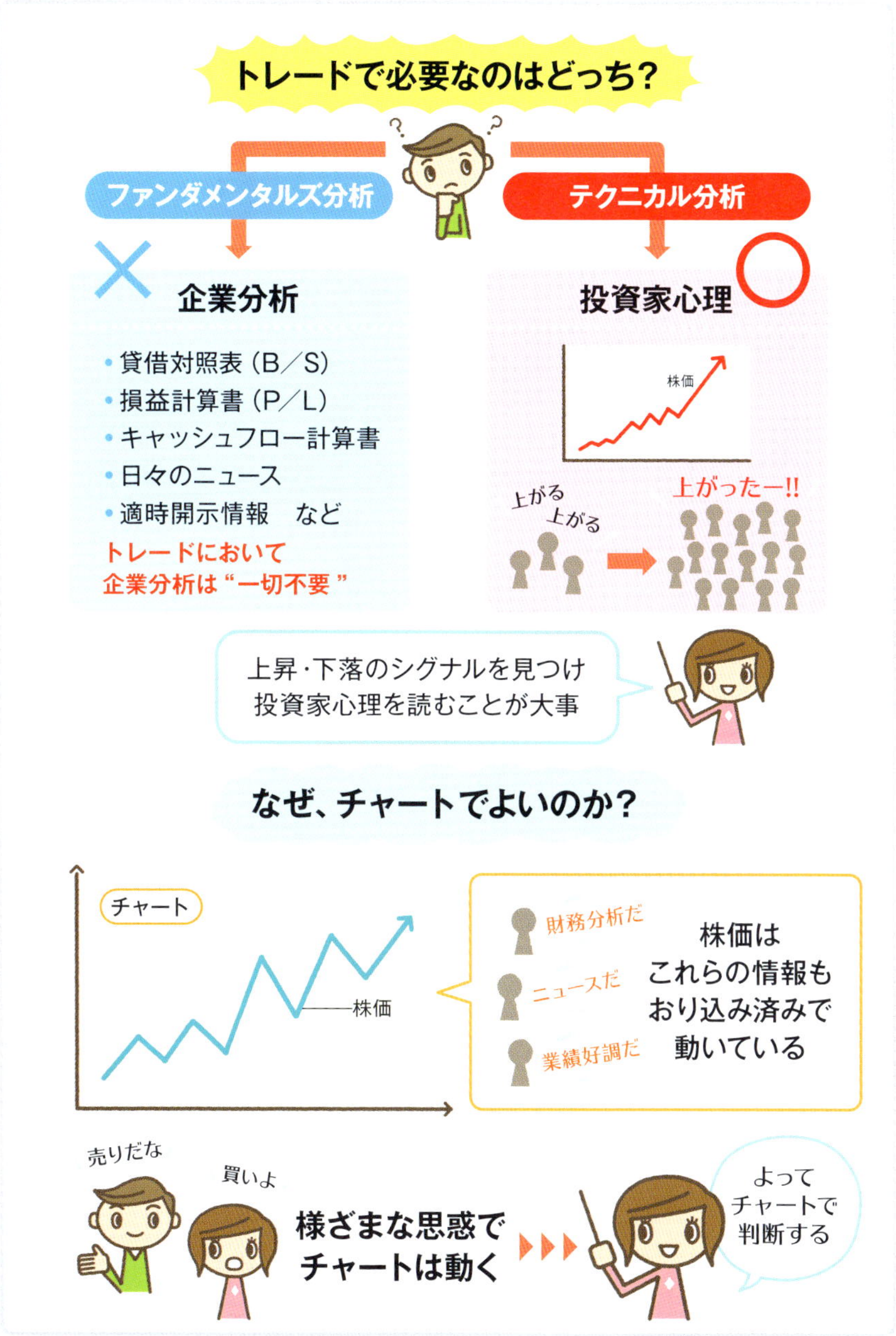

企業分析って楽しいですよね。でもトレードでは不要な場合があるのです

07 利益を得るならトレードしかない

大物でないと「投資」で稼げない？

投資よりもトレードのほうがすぐれている大きな理由に「資金回転率」があります。

「投資」は5年とか10年に一度の上昇局面があれば、2倍や3倍になるかもしれません。しかし、**それ以外の期間は横ばいか下落ということになります。**

投資で年利回り20%を何年にもわたってたたき出すのはとても大変なのです。

大物投資家ウォーレン・バフェット氏は、年利10%台後半を数十年間、たたき出しています。

彼のような大物なら、そんなこともできるかもしれません。大量の資金を投下して銘柄をある程度分散すればリスクも分散され、そのぶんチャンスも増えるからです。

余談ですが、わたしが株を始めたころ、大物投資家はもっと高い利回りで運用していると思っていましたが、実際は20%程度なのです。ただ、それを長く続けられるのが、大物たるゆえんですね。

ですが、我々一般人は同じようにはできません。**投資をしている期間のほとんどは保有しているだけなのです。**

トレードのチャンスは無限大！

その点、**トレードは株価が動きさえすれば利益を得るチャンスがあります。**

早ければその日のうちに、時間がかかったとしても3週間で、エントリーから決済まで完了するので投資効率も高いのです。

もし思惑に反したとしても、すぐにロスカットすれば、次のチャンスに移ることができます。

トレードなら儲かるチャンスはいくらでもある

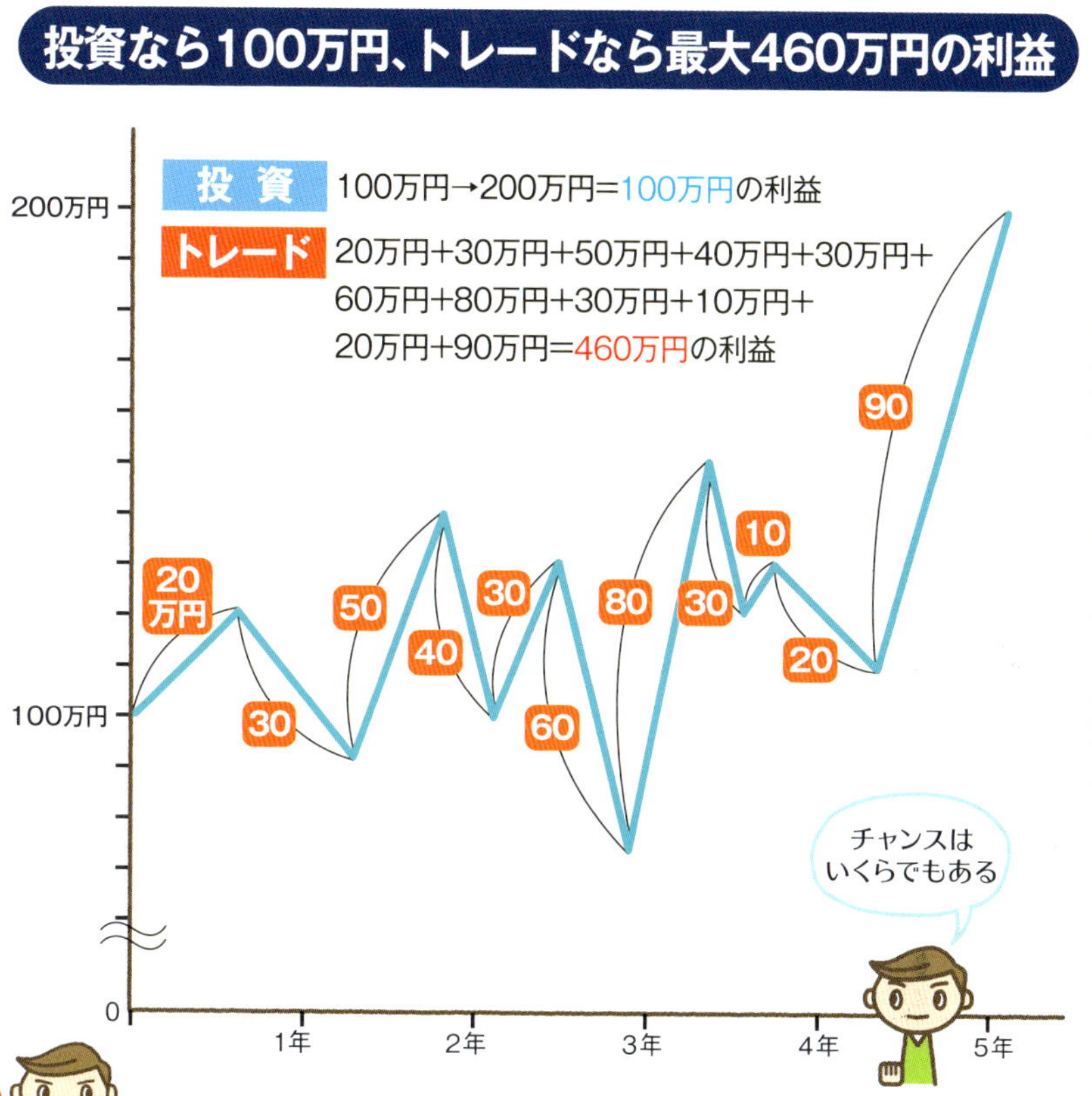

One point!

バリュートラップ銘柄に注意せよ

個人投資家がよく引っかかってしまうワナの一つが「割安なままの銘柄」への投資です。「バリュートラップ」と呼ばれるものです。

会社のかかえる現金や有価証券、不動産などの含み益などに比べて株価が割安な銘柄は、とても魅力的に見えます。ですが、どんなに時が経っても株価が上がらないこともあるのです。

いつかはその保有資産の価値が株価に反映されるかもしれませんが、利益を得るのに時間がかかりすぎるのは、時間を損してしまうため、損失と考えることができます。

少ない資金なら、まずはトレードで殖やすのがオススメ

Column

Q. ある銘柄の株価の動向が気になっています。今後どう動くのか判断する方法はありますか

Answer

個別銘柄であれ相場全体であれ、我々トレーダーが「今後の株価がどうなるか？」「今後の見通しは？」ということを考えることはありません。
なぜなら、株価を予想するというのはムダなことで、我々は株価を予想してトレードしているのではなく、株価の動きによってポジションを取っているだけだからです。

上昇し始めたら「買い」、下落し始めたら「空売り」、どちらにも動かないのであれば「様子見」というように、株価がこう動いたらこう行動しようと、いつも準備しているのです。

自分のルールとして、銘柄がエントリーポイントに近ければ徹底してそれを監視し、エントリーポイントに来たら迷わずエントリーするだけです。

裏を返せば、株価がどう動くかをあらかじめ知る必要はありません。動いた株価に対してトレードを行っているだけということになります。

PART 2
もう失敗しない！売買ルールを決めよう

勝率99%でも損をする

売買ルールを守るためにメンタルコントロールも

わたしは大学を卒業してすぐに専業トレーダーになったわけではありません。ここに至るまで、数かずの苦難を乗り越えてきました。独立した直後は、以前勤めていた会社の年収分を一発で吹き飛ばすというような、苦い経験もしてきたのです。

そんなわたしが専業トレーダーになれたのは、二つの「本質」を把握し、実践できたからです。

その二つとは――

- 「売買ルール」を守ること
- （そのために）「メンタル」をコントロールすること

これだけです。この本質をきちんと理解し守れれば、すぐにでも効果はあらわれ、1年後、2年後にはきっと大きな成果が出るはずです。

最後の1回ですべてを失うのも相場

たとえば99回勝ち続けても、たった1回の損失でそれまでの利益をぜんぶ吹き飛ばしてしまう。そんなことあり得ないと思うかもしれませんが、実際起こりうるのです。

要は、勝率が高いからといって、儲かるとはかぎらないのです。

逆に99回失敗しても、100回目にすべてを取り戻して、損失を大きく上回る利益を上げられるのも相場の醍醐味です。

では、たった1回の失敗ですべてを失うような事態を避けるにはどうすればいいのか。

それは、**自分の決めた売買ルールをきちんと守ること**。それを守るために、メンタルをコントロールすることです。

99勝1敗でも損をする⁉

元手100万円を毎回1%の利益で99回勝ち続けると……

資金		利益		WIN
100万円（元本）	→	1%	→	99回

100万円＋100万円×0.01＋101万円×0.01
＋102.01万円×0.01……≒267万円

元本100万円が267万円となる → **利益 167万円**

しかし

株価の暴落 Down

100回目のトレードで株価が70%下落

資金		下落率		LOSE
267万円	→	70%	→	1回

267万円×0.7≒186.9万円

267万円－186.9万円＝80.1万円 となり

→ **損失 19.9万円**

元手100万円が結局80.1万円に……

勝率99%でも1回の負けで損をするのが株

売買ルールって何？

自分のルールを守れないトレーダーに未来はない！

相場で利益を出し続けている「勝ち組トレーダー」には、共通点があります。それは「売買ルール」をきちんと持っていることです。わたしにも次のような売買ルールがあります。

- **ロスカットは、「自己資金」に対してマイナス2％以内**
- **利益確定は、なるべく「買値」プラス10％以上**

さらに、エントリーする銘柄の条件を、次のように決めています。

- **1日の売買代金が30億円以上が望ましく、最低でも10億円以上（流動性があるもの）**
- **ボラティリティー（株価の変動率）の大きなもの**
- **株価が「上値抵抗線」、もしくは「下値支持線」付近にあるもの**

詳細はPART3でおいおい述べるとして、わたしはこうした売買ルールを設けています。

そして絶対に守るべき「ルール」と考えて売買しています。

重要なのはロスカット

売買ルールの中でも、とくに重要なのが「ロスカット」のルールです。

ほとんどのトレーダーが勝てないのは、この「ロスカット」がきちんとできないからです。

もし、ロスカットすべき局面になっても、実行する自信がない、またはまめにチェックできないという場合は「逆指値注文」を使って、機械的にロスカットできるよう努めてください。

ロスカットは前述した「**自己資金に対してマイナス2％以内**」とするようにしてください。

機械的にロスカットするシステムも使おう

逆指値注文とは？

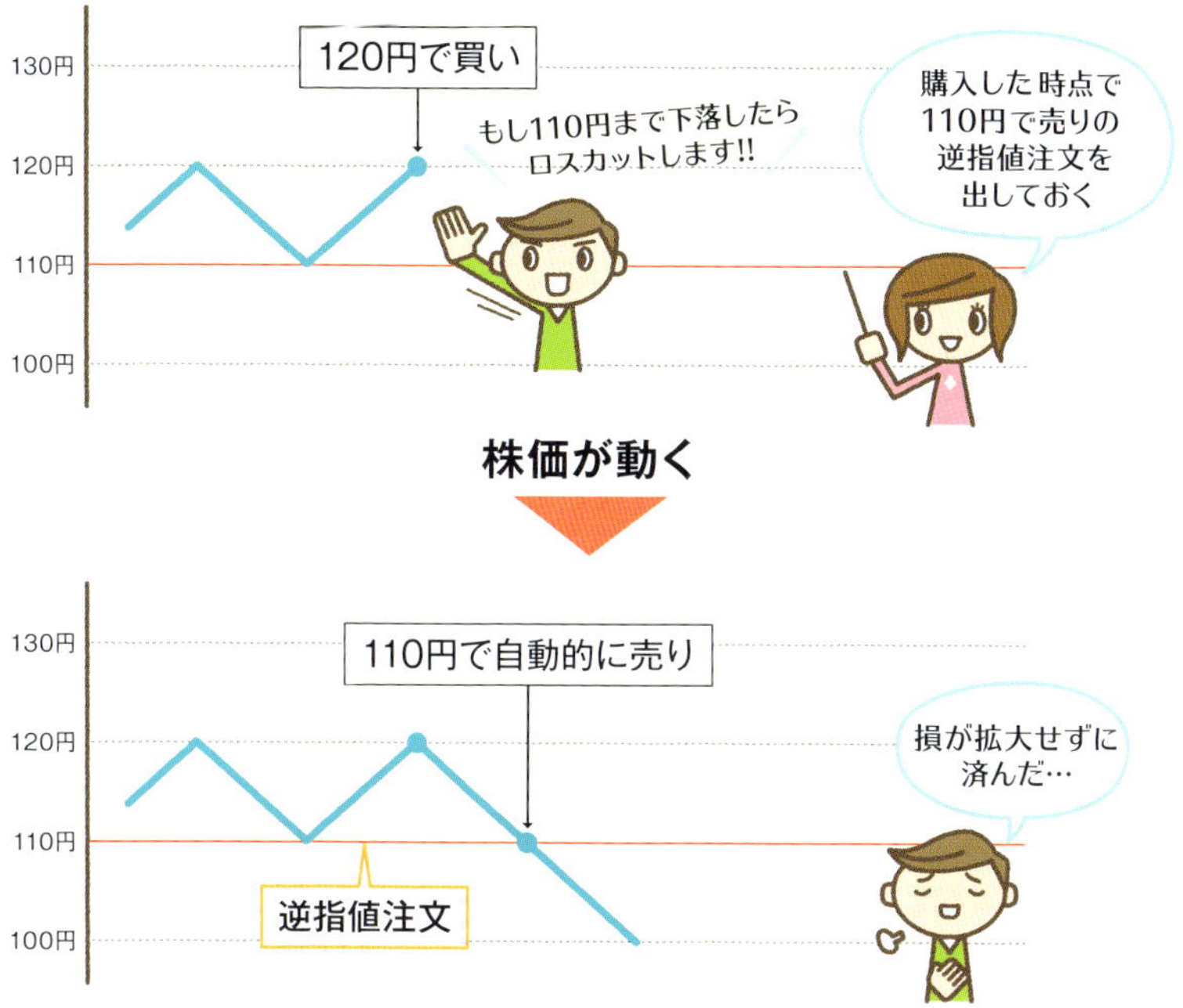

判断の難しいロスカットは自動売買がおすすめ

One point!

ロスカットはなぜ大切なの？

ロスカットの重要性はそれをしないことによるデメリットからもわかります。

損失が拡大してしまうのはもちろんですが、資金が「塩漬け」となることで本来であれば得られたはずの「機会」を逃してしまうのです。

ロスカットをしないと「資金」だけでなく、「機会」も失うのです。

資金を効率よく回転させるためにも、ロスカットは必須なのです。これなくして勝つことはできません。

ロスカットは買値マイナス２％ではないので十分注意してください

資金管理ができないと破たんする

損失を最小限に抑える

意外かもしれませんが、勝率99%のシステムトレードでも破たんする人は、実際にいます。

リーマンショックのような経済危機が突然襲ってきて、それまで順調に利益を出していた人が突然、破たんしてしまうケースがよくあるのです。これほどでなくても、**個別銘柄の崩壊やある程度の大きな下落は、ほぼ毎年のように起こっています。**

この問題を避けるのに必要なのが「資金管理」です。

たとえば100万円あったとしたら、全額で勝負するのではなく、プライム市場の値動きの安定している銘柄に30万~40万円、値動きが激しければ20万~30万円というように、投下資金を絞るのも手です。もし全額掛けたとしたら、ロスカットの水準を厳しくし、損失を最小に抑えるべきです。

初心・初級者はレバレッジを掛けない！

さらにトレードでは、下落局面でも利益が出せるように、信用取引口座を開設して「空売り」もできたほうが有利です（第17項参照）。また、信用取引では自己資金の3倍まで、投資額を膨らませた取引もできます。これを「レバレッジを掛ける」といいます。

ただし、ここでも厳格な資金管理が必要です。とくに、ちゃんと勝てるようになるまでは、**レバレッジを掛けない**よう強く推奨します。

うまくいけば3倍の利益を出せますが、その逆もしかりです。3倍のスピードで資金がなくなるのです。つまり、**3割下落したら資金がゼロになってしまうのです。**

資金管理はとにかく重要

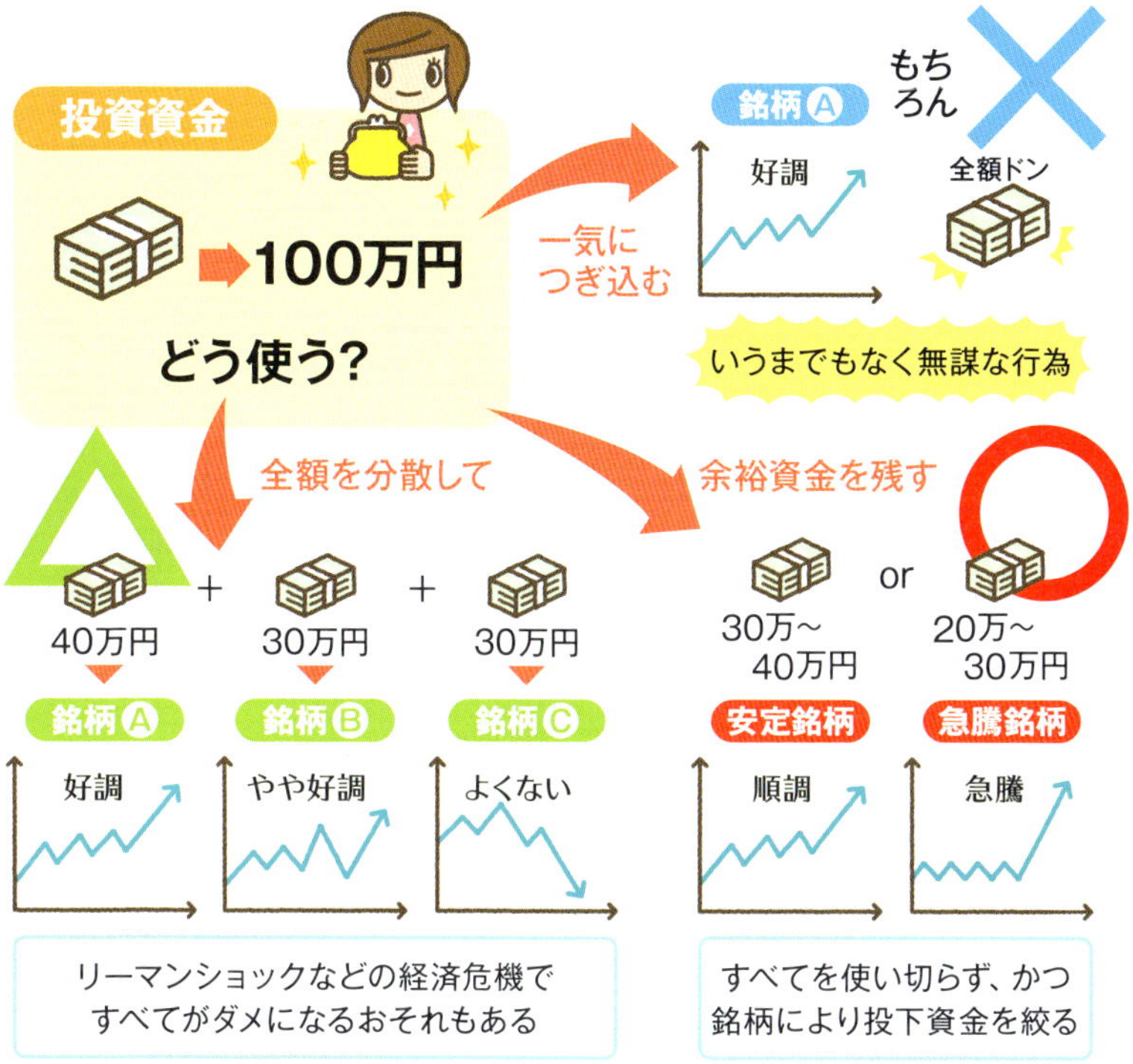

用語解説

信用取引

信用取引には2種類あります。

一つは証券会社から資金を借りて、少ない元手で大きな額の取引ができる「信用買い」です。

もう一つは、証券会社から資金の代わりに「株そのもの」を借りて、その株をすぐに売ってしまう「空売り」という取引です。売った株はいつか、証券会社に返します。一定期間内にその株を市場で買って返すのです。この取引を「買戻し」といいます。

これら二つの取引では、自己資金の3倍まで投資額を膨らませられます。これを、「レバレッジを掛ける」といいます。

いつ暴落がきてもいいように、常に資金に余裕をもって安全運転!

11 利益確定は買値の10%以上／ロスカットは自己資金の2%以内

「売り（決済）」を制する者こそ勝つ！

第9項で、私の売買ルールは、**「利益確定が買値プラス10%以上。ロスカットは自己資金に対してマイナス2%以内」**と、紹介しました。

ここで注意したいのは、利益確定のプラス10%とは、株価に対する数字、**ロスカットのマイナス2%は「自己資金」に対する数字**ということです。

たとえば利益確定は、500円の株だったらプラス10%で550円となります。

また、100万円でスタートする場合、1回のトレードで損していいのは100万円に対しての2%までなので2万円以内となります。

これなら3勝7敗でも十分勝てる

この10%、2%という数字は、これまでのわたしの経験や様ざまなシミュレーションをベースに算出した割合です。微調整は必要ですが、**売買ルールのもととなる数値です。**

トレードは前述したように、市場参加者の心理を読む取引です。それゆえに予想どおりにいかないこともあります。

だから、この数字はいわば、**ある程度の負けを見越して設定したものでもあるのです。**

3勝7敗でも利益が出るよう利益と損失をコントロールし、時間をかければ、資産を大きく増やせるようになっています。

なので、トータルで利益を出すためにはかならず、利益確定とロスカットの売買ルールを守る必要があります。

超重要!! 売買ルールを決めておく

株価1万円を100株買った場合
利益確定
+10%超え ➡ 100万円 × 10% ＝ 10万円の儲け

投資額100万円の場合
ロスカット
−2%切り ➡ 100万円 × 2% ＝ 2万円の損失

これを目安に考えよう

1万円の株を100株（100万円）買った場合

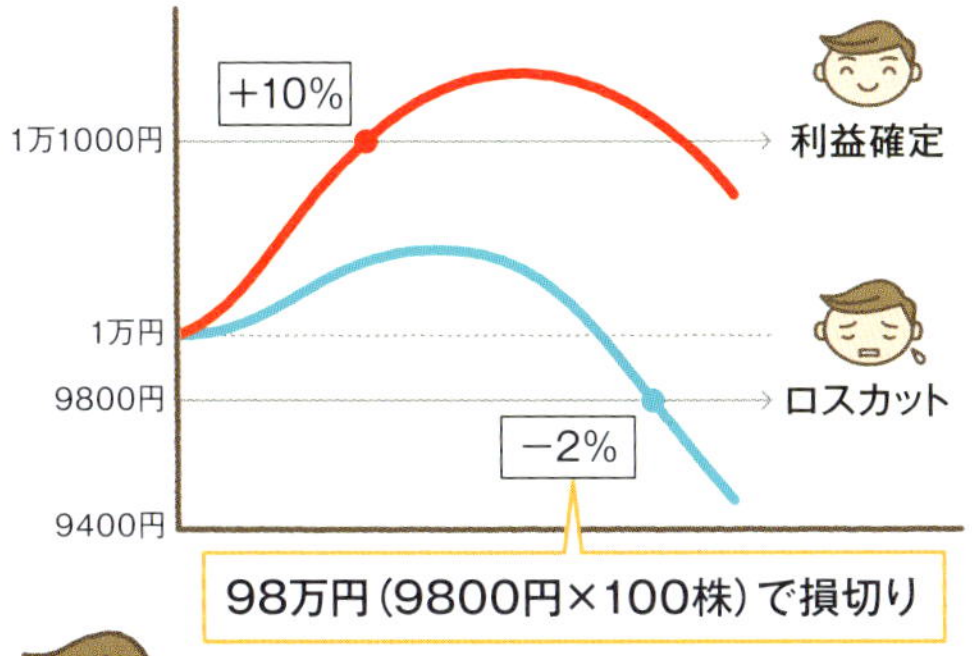

株価の+10% ➡ **利益確定**
自己資金（100万円）の−2% ➡ **ロスカット**
を常に意識する!!

One point!

自己資金100万円、株価500円の場合

［パターン 1］ 2000 株買いの場合
売買代金 100 万円（500 円× 2000 株）
・利益確定 550 円（50 円× 2000 株＝ 10 万円）
・ロスカット 490 円（10 円× 2000 株＝ 2 万円）
［パターン 2］ 1000 株買いの場合
売買代金 50 万円（500 円× 1000 株）
・利益確定 550 円（50 円× 1000 株＝ 5 万円）
・ロスカット 480 円（20 円× 1000 株＝ 2 万円）
※ロスカットの 2%は自己資金 100 万円に対して計算する

パターン２はロスカット幅を大きく取れるので余裕を持ってトレードできてオススメ。ただ、そのぶん利益額は小さくなる。

自己資金を２％以上減らさないことが大事。資金を守るのがロスカット

12 利益確定までガマンする？

ついつい利益確定してしまう「チキン利食い」

トレードはいつも利益を得られるわけではありません。**場合によっては5連敗、10連敗といったこともあります。**

こうした連敗が続くと、なんとか損失を取り戻そうと、精神的に追い詰められてしまいます。

そんな中で、ひさしぶりにエントリーした銘柄がヒットして、利益が乗ってきたとします。

するとこれまでの連敗記憶が頭をかすめ、「またこれまでのように損失になるかも。であるならば今のうちに利益確定しておこう」と、**つい目標の買値プラス10％に達しないうちに、利益を確定してしまいがちです。**

ときには利益確定まであとわずかのところで下落に転じることもあります。そこで、ちょっとでも下がりそうになると**弱気になって利益確定してしまうのが「チキン利食い」**という行為です。

チキン（臆病）になる気持ちは痛いほどよくわかりますが、ここは自分が決めたルールを、歯を食いしばって守るべきです。

前日の安値を割ったら売り？決済のルールを決める

とはいえ、利益確定に関しては、もう少し柔軟になってもいいでしょう。

たとえば大きく上昇してきたものの、明日の相場次第では大きく下落するかもしれない。そんなときには「**トレイリングストップ**」という方法を使うのも手です。

たとえばエントリーした銘柄がプラス10％に達しなくても「前日の安値を割ったら売り」といったルールを自分で決めてもよいのです。

決めたルールは必ず守る？

連敗中……

負けが続くとどうしても弱気に!!

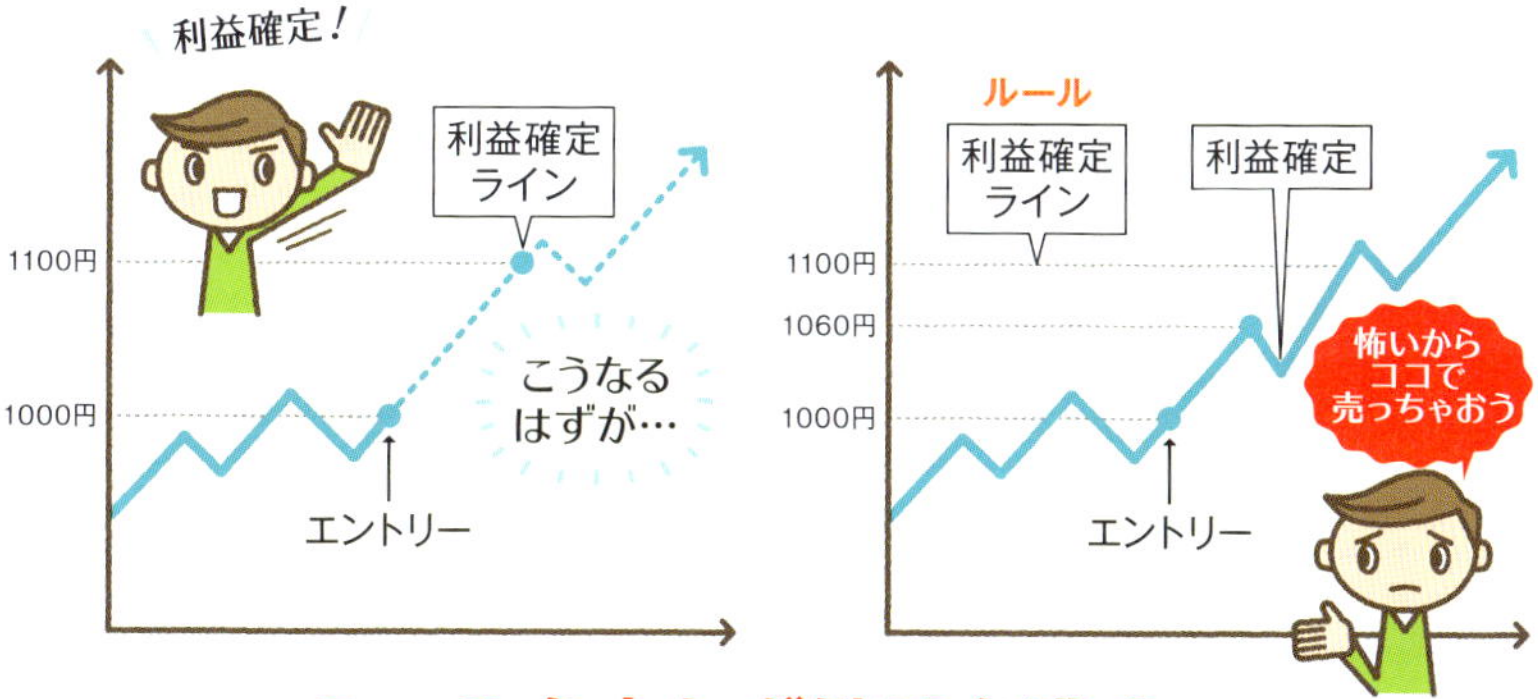

ルールを守れず儲けを逃す!!

用語解説

トレイリングストップ

トレール注文ともいわれます。

逆指値注文を一定のルールにしたがって引き上げる（空売りのときは引き下げる）注文のことです。

ストップ（決済）注文をトレイルする（引っ張る）ことから、トレイリングストップといわれています。

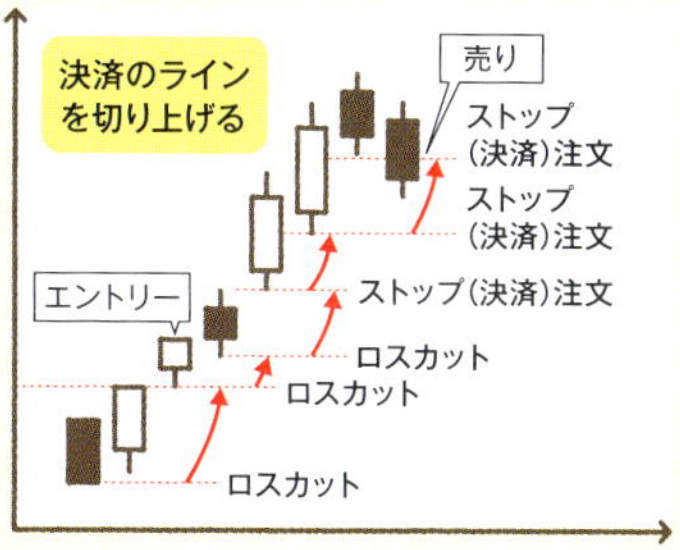

詳しくは第46・47項、動画を参照

チキン利食いを卒業して利益を伸ばせたらトレーダーとして大きな前進です

損は小さいうちに切る！

ロスカットは初心者には難しい？

初心者の多くは、ロスカットがうまくできません。

今すぐに損失を確定すれば、次のチャンスに賭けられることはわかっている。にもかかわらず、ロスカットをためらってしまうということはよくあります。つまり、ロスカットのタイミングが遅れがちになってしまうのです。

ここでは、ロスカットは自己資金のマイナス2％という売買ルールを守るしかないのです。

同じ10万円の減少でも痛みの大きさが違う

「利益が20万円から10万円に減少したのは耐えられない」

「損失が10万円から20万円に拡大したのは耐えやすい」

「利益の減少」は「損失の拡大」よりもつらい。ロスカットの難しさはこれで理解できます。これは行動経済学における**「プロスペクト理論」**として知られています。

かんたんにいうと、自分の損益が**プラスの領域ではリスクを回避する傾向が強くなり、逆にマイナスの領域ではリスクを追求してしまう傾向がある**、というものです。

たとえば10万円の利益が出ているとします。人はその利益が減るのを避けるために、たとえ株価が目標以下だったとしても決済してしまうのです。

逆に、10万円の損失がどんどん拡大しても、戻るかもしれないから保有し続けようと、リスクを追求してしまうのです。

ここが大切です。ここであなたがやるべきことは、感情に流されず損が小さいうちに、素早くロスカットすることです。

同じ10万円でも感じ方はこんなに違う!!

市場参加者心理

用語解説

プロスペクト理論

質問1：どちらを選びますか？
A：100万円が無条件で手に入る。
B：50%の確率で200万円が手に入るが、50%の確率で何も手に入らない。

質問2：あなたに200万円の負債があるとします。どちらを選びますか？
A：無条件で負債が100万円減額され、負債総額が100万円となる。
B：50%の確率で全額免除されるが、50%の確率で負債総額は変わらない。

じつはどの選択肢も期待値は100万円で同じです。

でも、質問1では多くの人が、**利益が手に入らないリスクを避けたいので、Aを選びます。**
質問2では多くの人がBを選びます。
100%の確率で損失の半分を確定させるよりも、**50%の確率ですべての損失を避けようと(ギャンブルを)するのです。**

ロスカットは「次のチャンス」と「将来の利益」のために行います

塩漬け株はすぐ処分する！

塩漬け株は利益を生まない！

株で一番やってはいけないこと。それは「塩漬け株」をかかえてしまうことです。

株価が大きく下落して処分できなくなり、損失をかかえたまま放置してしまう……そんな株を「塩漬け株」といいます。

そもそも**一度大きく下がってしまった株がすぐに元に戻ることなど、めったにありません。**あるとしても元に戻るまで何年もかかってしまうことが多いのです。

結論からいえば**今ある塩漬け株は即刻処分せよ**が、わたしの考えです。

どんなに損していても、それを現金化することで、新たな資金として利益を生む源泉になります。それに精神的にもすっきりします。

元に戻るまで何年、何十年も不良在庫をかかえて、さらに心に重りをつけていては、利益を追い求めるなんて、夢のまた夢です。

当初決めた売買ルールを守らず、**好き勝手に売買して勝てるほど、株の世界は甘くありません。**

「この銘柄だけはトレードではなく投資」なんて都合のいい言い訳など、相場では通用しません。

ロスカットルールを守れば「ナンピン」もない！

いうまでもなく、株価が大きく下落していく過程で陥りやすい間違いが「ナンピン買い」と呼ばれる方法です。**ナンピン買いは、たんに損失を拡大させるものであり、やってはいけません。**

そもそも売買ルールを守れば、こんな事態になりません。

塩漬けもナンピンも、ロスカットを守れば無縁なのです。

ロスカットをして塩漬け株を防ごう

自己資金＝100万円の場合

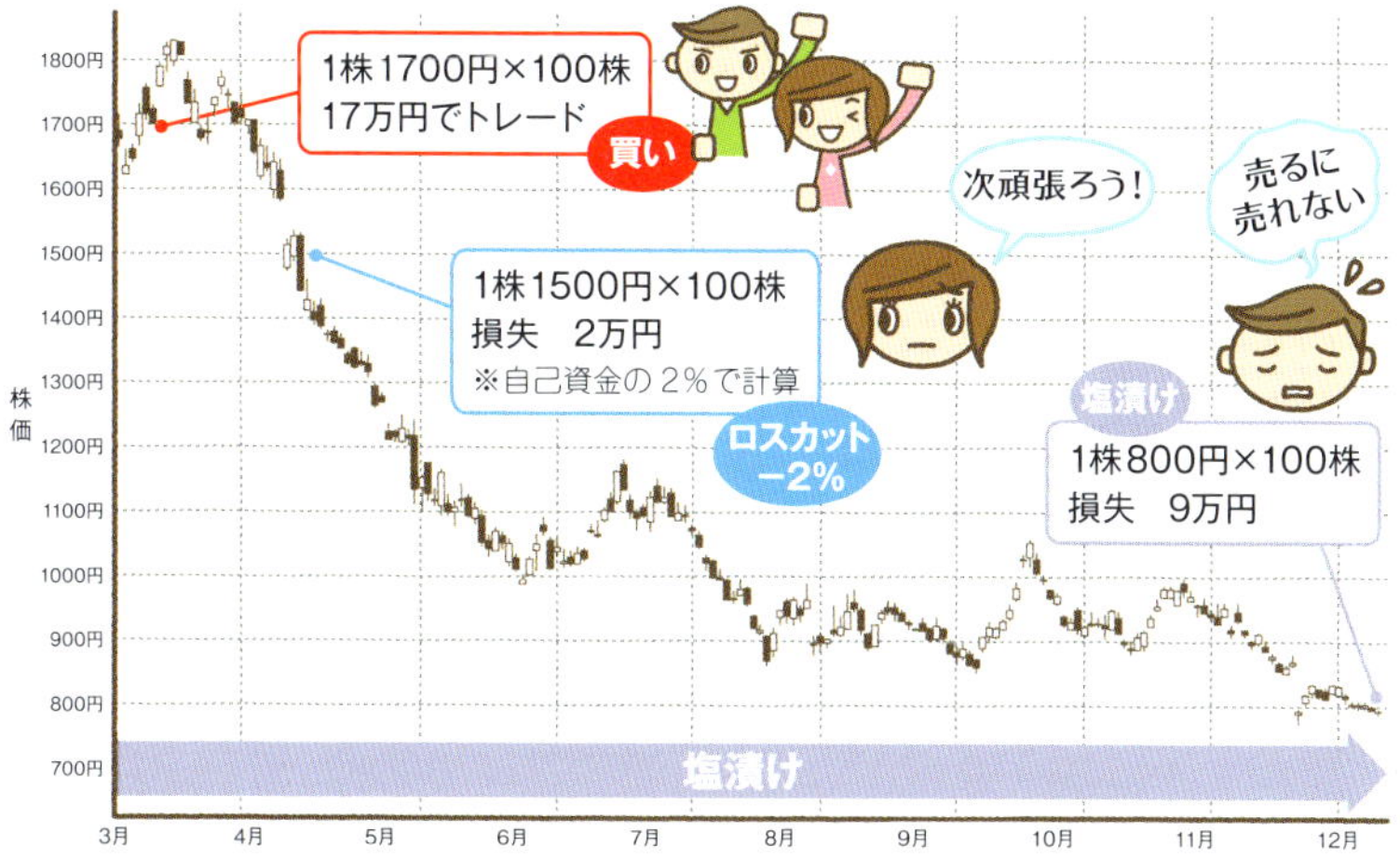

ロスカット　15万円 − 17万円 ＝ ▲2万円
（ロスカット時）（エントリー時）

差額 7万円

塩漬け　8万円 − 17万円 ＝ ▲9万円　まだ続く
（塩漬け）

当初決めた売買のルールは必ず守ろう

用語解説

ナンピン買い

買った銘柄が予想に反して下がったとき、その銘柄を買い増しして、平均購入価格を引き下げるというやり方です。

たとえば、1000円の銘柄を100株買った後、800円まで下がったとします。そのとき、100株買い増しすれば平均購入価格は900円。900円で200株買ったことになり、900円以上で利益が出ることになります。

ただし、株価はかならず上がるとはいえません。よって、ナンピン買いはとても危険で、やるべきではないのです。

ПГ 不良在庫である「塩漬け株」はすぐに処分して次のチャンスに備える

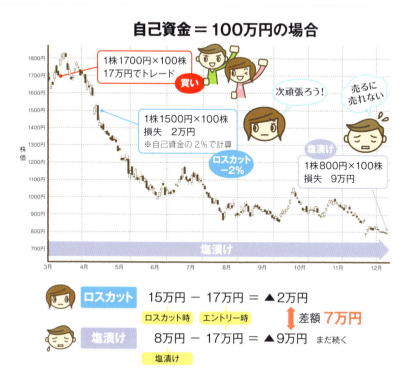

15 売買ルールを守る「メンタルコントロール」

10連敗も珍しくない！資金を守るには「平常心」

これまでにも何度か述べましたが、トレードの世界では5連敗や10連敗もあります。

そもそもトレードの場合、ロスカットすることが多いと考えたほうがよく、そのたびに落ち込んでいては、精神的にもちません。

「連敗しても冷静でいられる」トレードではそんなハートが必要です。

それが、いわゆる「メンタルコントロール」です。「連敗しても、それまでと同じように資金を投じる〝精神的〟な強さ」です。

連敗が続くと自分のルールを疑ってしまい、実行できなくなってしまいます。しかも、そんなときにかぎって、大きな利益の出る銘柄が目の前を通り過ぎていくものです。

過去から学んで心を鍛える

では、どうすればいいのでしょう。たとえば様ざまな事態を「シミュレーション」してみるのもいいかもしれません。

過去に起こった経済危機や株価暴落は、当時のチャートを見ればよくわかります。そうしたチャートを見ながら、自分で暴落シーンを思い描いてみます。

バブル崩壊、ライブドアショック、リーマンショックなどなど、これまで株式市場では数多くの暴落がありました。

これらの暴落場面を自分なりにイメージし、精神力を養うのです。

「過去にはこんなすごい暴落もあったんだ」と思えば、どんな局面でも動じず、冷静でいられる精神力が身につくかもしれません。

過去の暴落から学ぼう

バブル崩壊

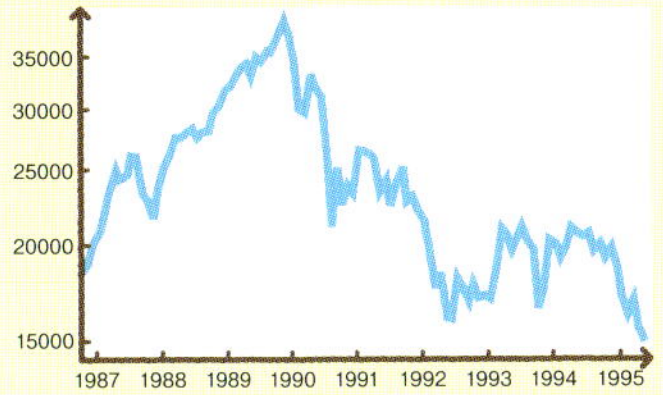

1991年からの大不況。地価の下落に始まり、証券会社や銀行までが破たんした。株価は1989年をピークに下落が始まっていた。

ITバブル崩壊

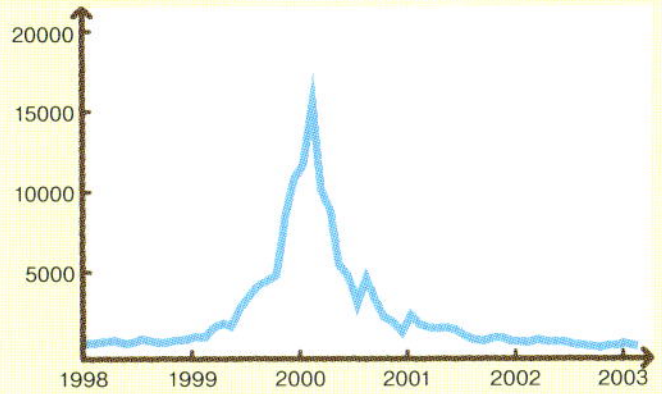

1999年から2000年にかけて、北米を中心にIT関連企業への投資が異常なほど高まり、株価が急上昇したが、2001年にかけてバブルははじけた。

リーマンショック

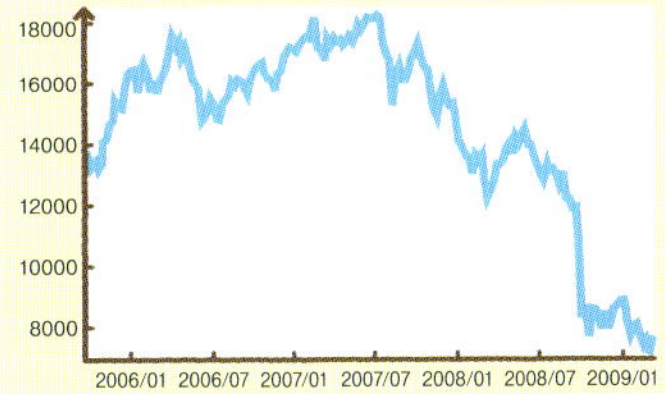

2008年9月米投資銀行リーマン・ブラザーズの破たんを機に起こった世界金融危機。日経平均は1万8000円台から一時6000円台まで暴落した。

One point!

メンタルコントロールは難しい

「決めたルールをきちんと守る」言葉にするとかんたんそうですが、こと「売買ルール」に関しては信じられないほど難しいのです。

とくにお金が絡んでくると「自分はうまくいくはずだ」「自分は間違っていない、まわりが間違っている」と、自分を守るために本能が言い訳をし始めます。

これはとても根深い問題なので、ここでは「売買ルールを守ることが大事」「そのためにメンタルのコントロールが必要」とだけ覚えておいてください。

「反発しそうもないからもう諦めよう」と思ったその時が反発の合図です

暴落したらすぐロスカット

素人が儲かり始めたら逃げる準備

株をやっていると避けられないのが「暴落」です。「○○ショック」と名のつくような暴落は数年に1度は必ず起こります。

こういった暴落には前兆がある場合があります。様ざまな指標や世間の状況から「そろそろ暴落かな？」と予測できます。

中でも一番役立つのは「周りの人や初心者が儲かり始めたら逃げろ」です。かつてJ・F・ケネディの父、J・P・ケネディが靴磨きの少年に株を薦められ、「こんな少年まで株を買っているようなら、もう買う人は残っていない」と、暴落を確信し、売り逃げたという逸話が有名です。

これは現在でも有効です。ここ20年でも何度か暴落がありましたが、そのたびに同じようなことがありました。

たとえば、書店の最も目立つ場所に投資の本がずらっと並んだり、株で儲かった人の話がテレビ番組で取り上げられたり……。居酒屋にいて周りから株や投資の話が聞こえてきたときは、その半年以内に暴落がありました。

こうなったら靴磨きの少年を思い出して暴落に備えましょう。

暴落したら冷静にロスカット

それでも暴落に巻き込まれたら、まずは落ち着いてください。

そして、**すぐにロスカットして損を確定しましょう。**損を確定してしまえば、冷静になれます。わざわざ荒れ狂う海の中を漕いでいくのではなく、いったん落ち着いて静かで豊かな海に漕ぎ出せばいいのです。

暴落の気配は察知できる

One point!

簡単に手に入る儲け話にだまされるな！

J.F. ケネディの父、J.P. ケネディは、違法すれすれの投資で大儲けしました。

その後、フランクリン・ルーズベルト大統領の指名で証券取引委員会（SEC）の初代委員長になり、今度は違法行為を取り締まる側として大活躍。彼を任命する際、大統領は「悪者を捕まえるにはやり方を熟知している悪者を使うのがイチバン」と言ったとか。

今でも違法ぎりぎりのやり方をしている人はけっこういます。とくにツイッターやブログ、その他のSNSなどで特定の銘柄を薦めてくる人の声は無視しましょう。

UP どんなに暴落しても、ロスカットしていれば被害は最小限で抑えられます

17

「信用取引」は必要不可欠な売買ツール！

下落局面では「空売り」が有利

トレードでは、株価が上がっていようと下がっていようと、エントリーして収益をねらいます。

上昇局面であれば、安く買って高く売るか、高く買ってより高く売れば利益が出ます。

問題は下落局面です。このとき**「信用取引」**の「空売り」を行います。

「先に売って、後で買い戻し」をするのです。

もともと信用取引は、証券会社が顧客に資金を融資して、少ない資金で株式の売買ができるようにしたシステムです。

通常どおり資金を借りて「買い」からエントリーして「売る」こともできますが、「売り」からエントリーして「買い」戻すことで利益を出すこともできるのです。

相場全体が下落トレンドのときは、多くの個別銘柄も下がっています。

そんなときは、先に「売って」、実際に下落したら「買い」戻して利益を確保します。

要するに、下落局面では信用取引が不可欠であり、**「空売り」という売買手法が有利**なのです。

利益を出すには「空売り」も不可欠

信用取引ではレバレッジ機能（第10項参照）が注目されがちですが、じつは「空売り」できる点でも大きな意味をもっています。

「空売り」は、利益を上げている人ならたいてい使いこなしている戦略の一つです。

ただし、きちんと利益を出せるようになるまでは、レバレッジは掛けないようおすすめします。

「空売り」のしくみを知っておこう

空売りとは先に売って、後で買い戻す取引

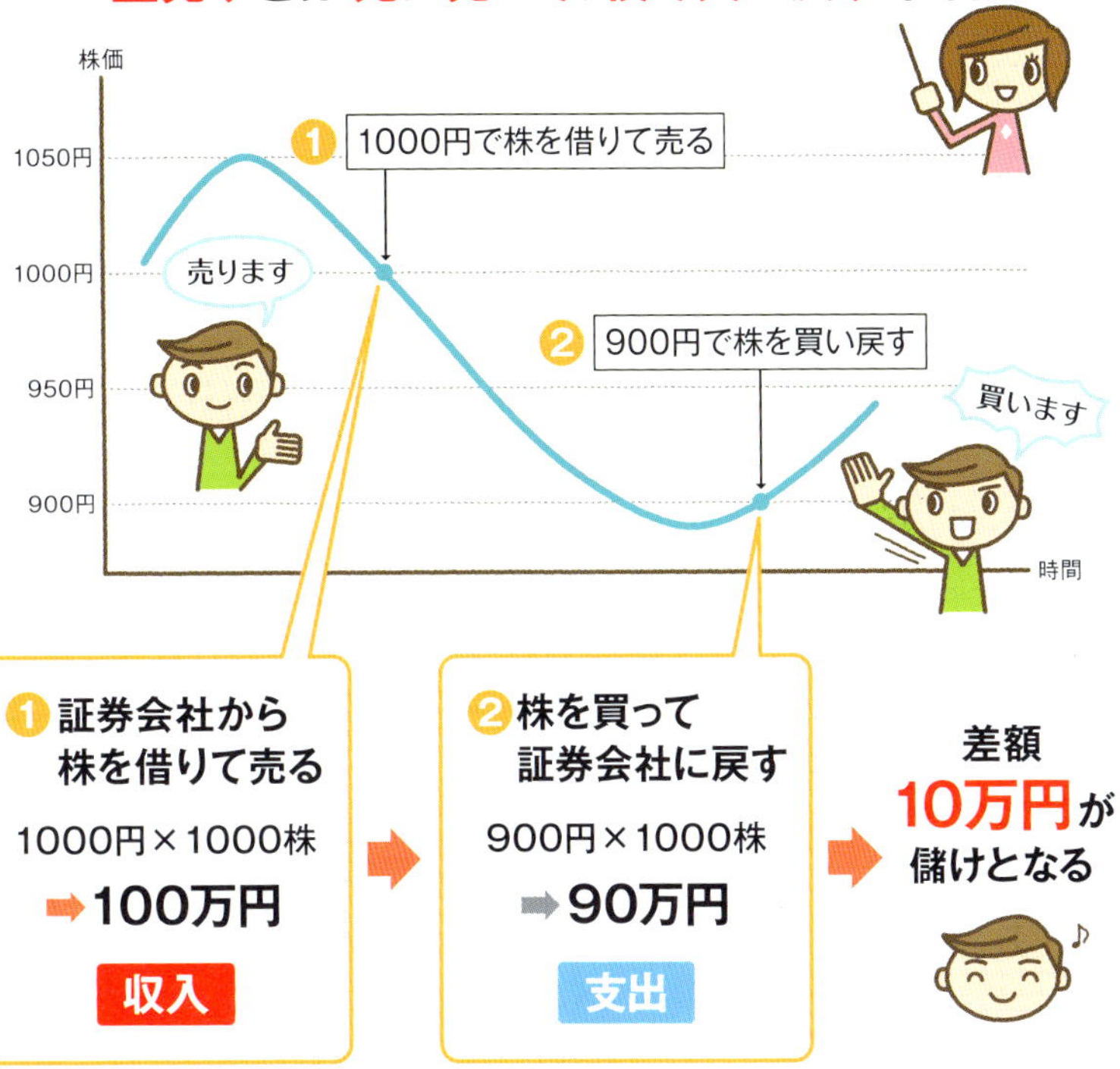

One point!

「信用口座」のつくり方

信用口座をつくるには、証券会社に申請して口座開設を認めてもらう必要があります。オンライン証券であれば、通常は30万円以上の現金があれば開設できますが、金額というよりも信用口座に関わるリスクをきちんと理解してもらうための手続きという意味合いが強いようです。

もし、信用口座が作れなかった場合は、インバース型ETF（日経平均等が下落すれば上昇するように設計されたもの）という商品があるので、それを買うことで利益を上げることができます。

代表的なインバース型ETFには、1571（証券コード）と1357があります

18 下落局面でも勝てるのが「トレード」

チャートやトレンドは上向きばかりじゃない

株価は上昇局面よりも下落局面のほうが、**動くスピードが速く、投資効率はより高くなる**ことが多いのです。3か月かけて上昇してきたぶんを、たった1週間で下げてしまうこともよくあります。

では、なぜ下落局面は投資効率が高いのでしょうか。

株価が下落するときは、いわゆるパニック売りが出やすいのです。「なんだか下がりそうだから、完全に下がる前に売る」「すぐ手放してラクになりたい」。

下落するときは、我先にと群衆が非常口に殺到するように**パニック的に暴落することが多く、その勢いも強いことが多いのです。**

その結果売りが殺到し、少しでも早く暴落局面から逃げようとするため、株価の動きにターボがかかってしまうのです。

1週間、1か月、1年の上昇相場が1日で消える

逆に、これを利用できるようになれば、上昇局面よりも速いスピードで、利益を上げることも可能なのです。

株には、1週間の儲けや1か月、1年の収益を、たった1日で吹き飛ばしてしまう「暴落」が（思っているよりも多く）ときどき起こります。ただし、たいていの暴落は事前に「そろそろかもしれない」というサインを出します。

そんなときは、空売りを用いてリスクを回避しつつ損失を軽減しながらも、いざ暴落が来たとき、大きな利益を取りにいくこともできるのです。

空売りは覚えておいて損のない方法といえます。

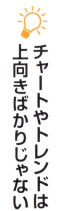

下落時のほうが足が速い

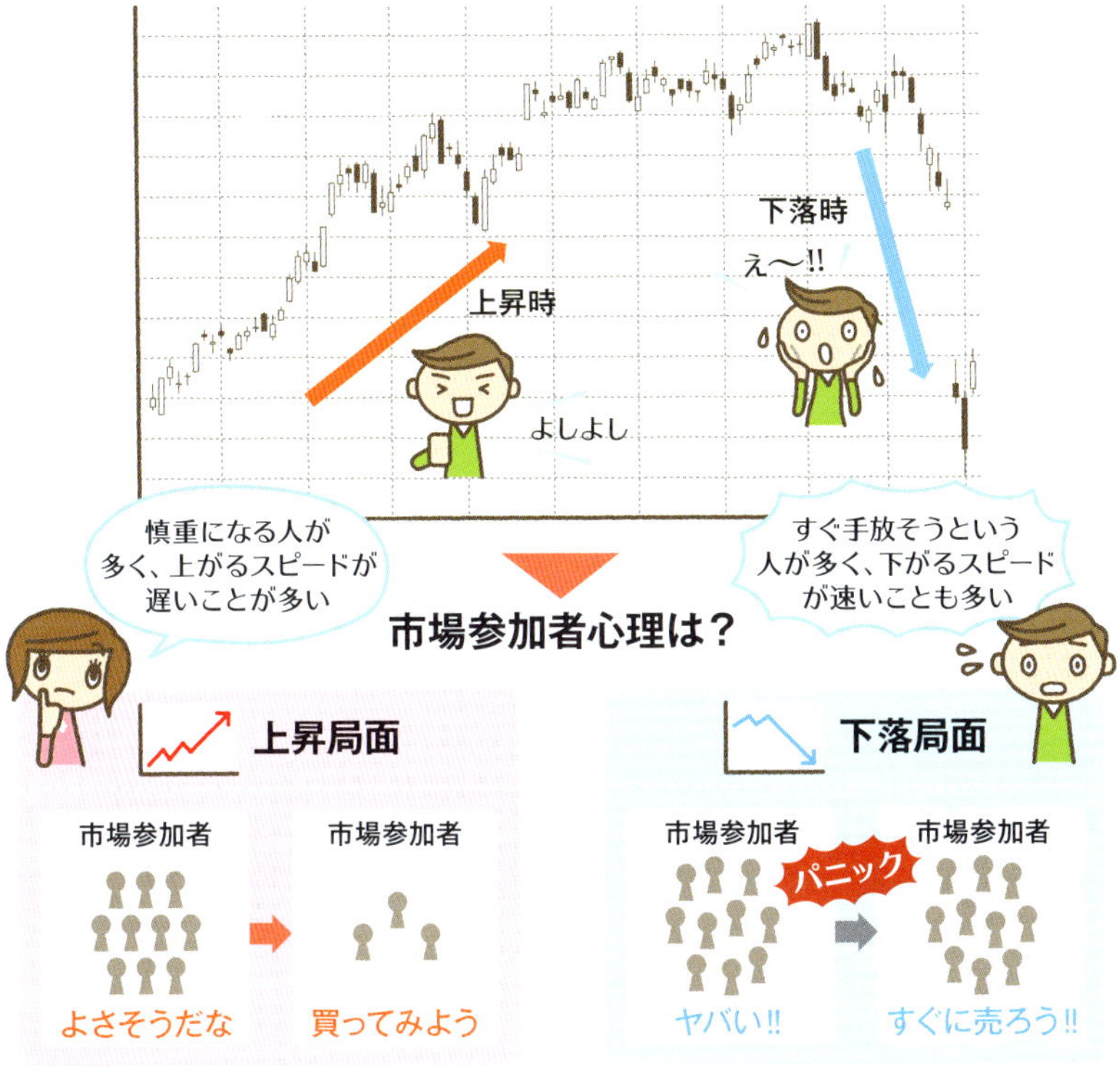

One point!

「空売り悪者説」は大きな誤解！

日本の株式市場には、空売りに対する偏見が昔からあります。

「空売りは危険」「空売りは身をほろぼす」といった恐怖心をあおる考えが、今も強く残っています。

「買いは家まで、売りは命まで」という格言もありますが、きちんと流動性のある銘柄を選び、ロスカットしていれば大丈夫です。

「空売りが危険」というのは、むかーしむかし、市場参加者が少なかった頃の話で、今はそんなことありませんし、ロスカットをきちんと行えば、リスクは限定されます。

UP まずは少額で空売りを始めてみるのがオススメ

19 空売りでもルールの考え方は「買い」と一緒

利益確定マイナス10％以上 ロスカットは2％

空売りといえども通常のトレードと同様、売買のタイミングが大切です。細かい注意点や違いはありますが、基本的には「買い」のときと同じです。

さらに、利益確定やロスカットのタイミングの考え方も、「買い」のときと一緒です。**利益確定は、株価が10％以上マイナスになったとき、ロスカットは自己資金の2％未満**です。ただし、10％以上下落したり、その前に大きく反発してしまうことも多いので、買い以上にトレイリングストップ（第46・47項参照）を多用します。

空売りで勝つには 流動性とメンタル

わたしが銘柄選びで重視するのは、**その銘柄の「流動性」です。「東証一部で、1日の売買代金が最低でも10億円以上」**という流動性の高い銘柄のみを選んで売買しています（第23・24項参照）。

流動性のない銘柄、たとえば新興市場で売買代金1億円程度の場合、上がるにせよ下がるにせよ、想定以上の変動幅（値幅）になる恐れがあります。

これらを空売りしているときに、猛烈に上昇すると「損失は青天井」という恐怖心も生まれますが、流動性があれば、ロスカットできるのでそんなことにはなりません（そもそも無限に上昇していく株などありません）。

さらに本書で紹介する、**ロスカットをはじめとした売買ルールを守れば、こんな恐怖心を払しょくできます。**これらがわかっていれば、（メンタル面でも）平常心を維持できるのです。

「空売り」のルールを決めておく

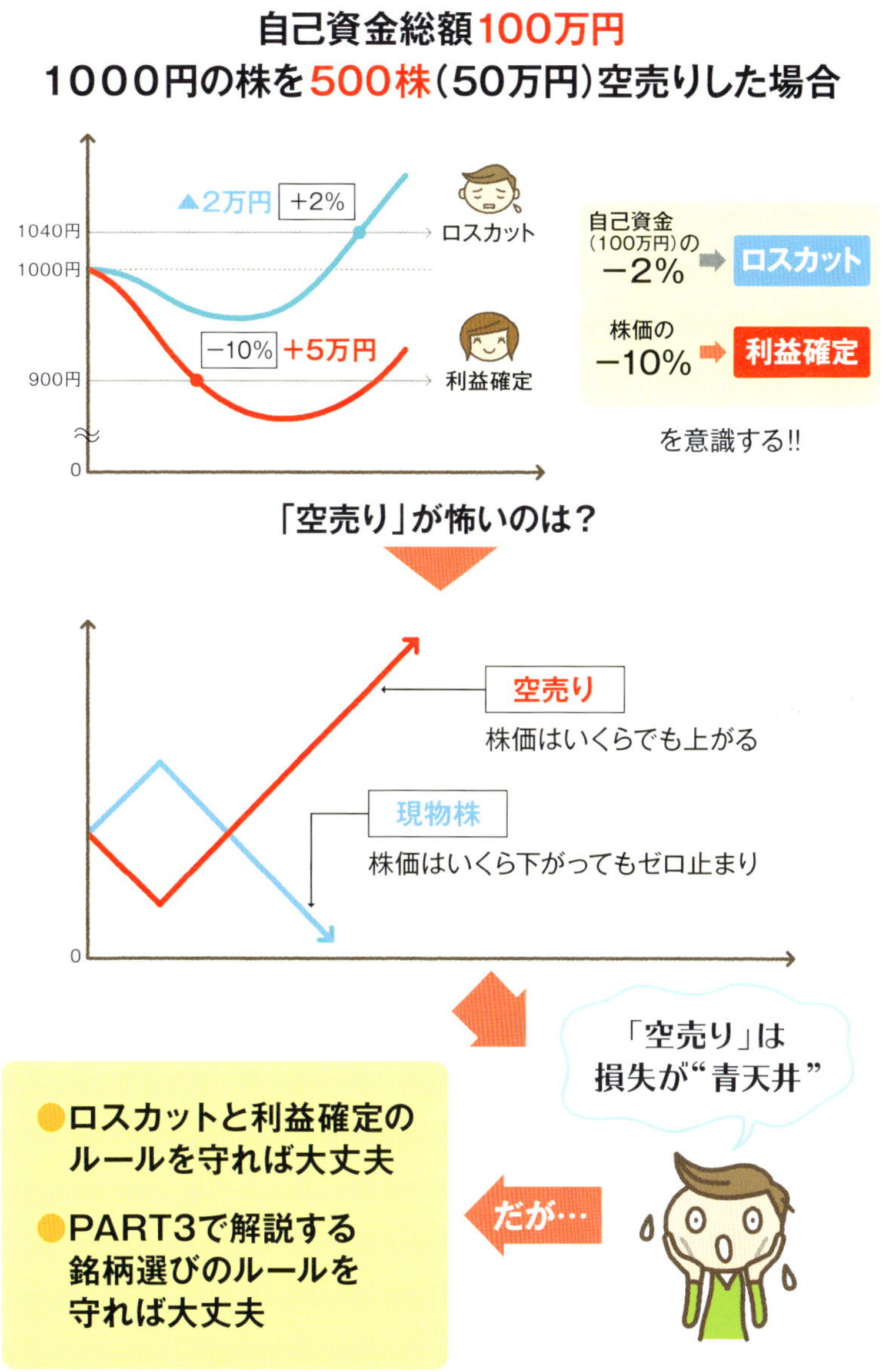

UP ロスカットができることで、安心して空売り（そしてトレード）ができます

Column

Q. 資金が50万円ぐらいからでもトレードはできますか？少ない資金でのトレードのポイントについて教えてください

Answer

資金が少なくてもトレードはできます。しかしながら、資金を持っている方に比べて不利な戦いになることが多いのも事実です。

たとえば、いいチャートの形であったとしても、最小単元で100万円以上する銘柄も多数あり、選択の幅が小さくなってしまうからです。

とはいえ、トレードをあきらめるのではなく、まずは自分のルールを構築する勉強をしてください。そして、そのルールをよりよいものにしていくための検証も行います。そのうえで100万円ぐらい貯めてから、実際にトレードに臨んでもよいでしょう。


安定して利益を上げられる自信がつけば信用口座を開設して、資金効率を上げることを考えてもいいと思います。その際の注意点は資金を増やしたときにもルールどおりのトレードが冷静にできるかです。

少ない資金であればルールどおりのトレードができるのに、資金を増やしたとたん、感情が入り、ルールどおりのトレードができず、その結果、普段の期待値が出せずにマイナスになってしまうというケースを多く見てきました。

ですので、資金を増やすなら、気持ちを落ち着かせてトレードができるようにしてください。

PART 3
今度こそ利益を出す！
銘柄選びのルール

株価の動きは「上がる」「下がる」「横ばい」

株価の動きを捉えるには全体のトレンドから

トレードではまず、**全体のトレンドをきちんと押さえてから、個別銘柄を判断します。**

相場全体のトレンドには、様々な見方がありますが、わたしは日経平均株価の「週足《しゅうあし》チャート」で、1年半~2年間の動きをざっくり見ます。その後日足《ひあし》チャートで確認もしますが、週足チャートで現在のトレンドがある程度わかります（チャートについてはPART4参照）。

トレンドは、三つしかありません。「上がる」「下がる」「横ばい」です。**まずは日経平均全体のトレンドが、この三つのどれかを見るのです。**

トレンドが「発生する節目」「加速する節目」がねらい目

相場全体の動きを把握したら、**今度は個別銘柄の動きを8か月から10か月程度、「日足チャート」でチェックします。**

個別銘柄のトレンドも「上がる」「下がる」「横ばい」の三つです。

そして、注目すべきは株価が大きく動き出す「節目」です。中でも「トレンドが発生する節目」と「トレンドが加速する節目」に注目します。たとえば「年初来高値」「年初来安値」のことです。他にも直近1か月~3か月のレンジ相場の上限もしくは下限も「節目」といえます。チャートの動きを見ながら、これらの節目やPART4で解説する「上値抵抗線」「下値支持線」を抜けていくタイミングをチャンスと捉えます。

このように、節目を捉えるためにはまず、相場全体や個別銘柄のトレンドを押さえます。

株価の動きは三つだけ

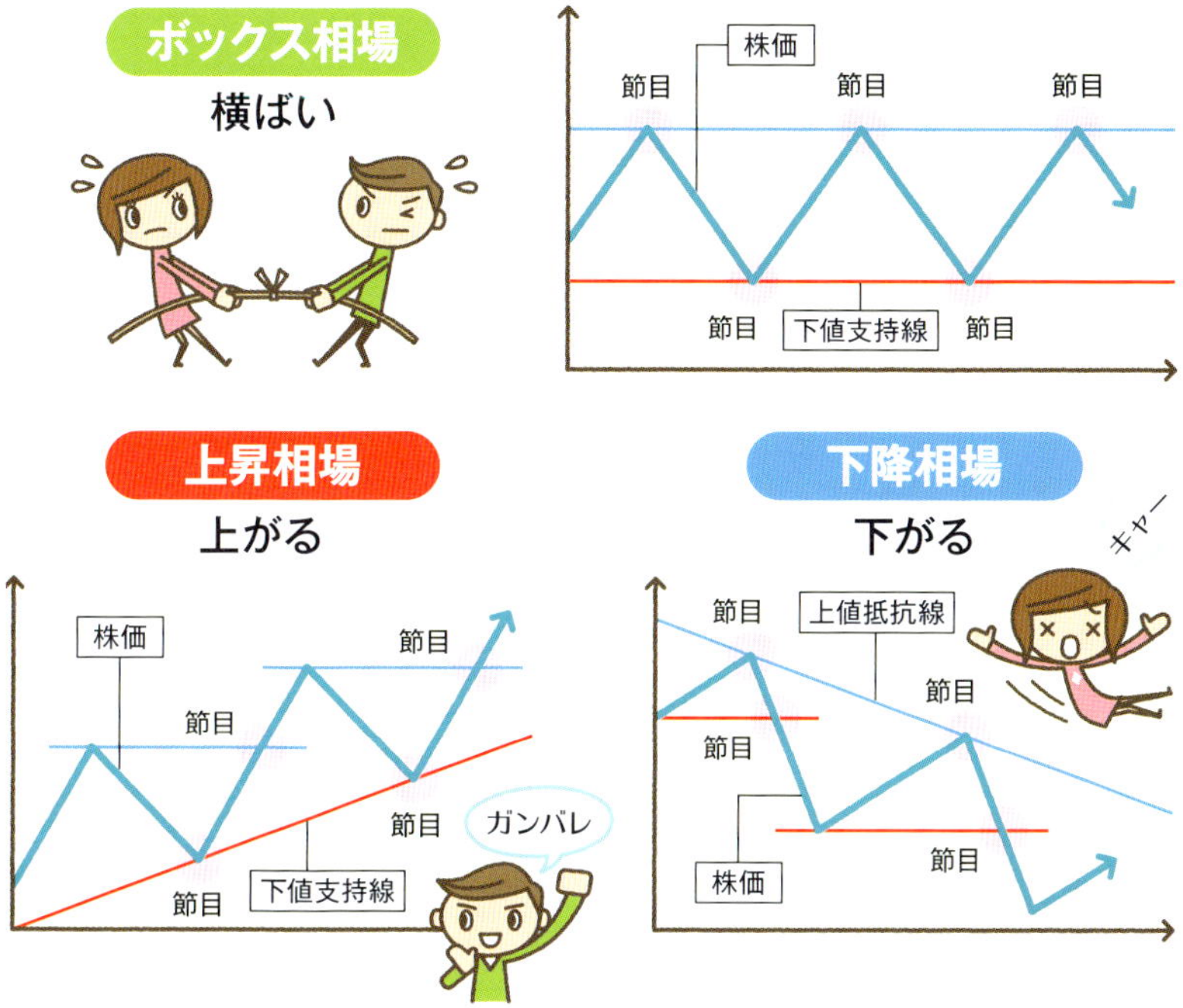

どのトレンドも節目がエントリーのポイントとなる

One point!

無条件で注目！ 上場来高値

株価には様ざまな情報、すなわちシグナルがあります。

その中でも、最強のシグナルと呼ばれるものがいくつかあります。

たとえば、「上場来高値」というのもその一つです。

上場してからの最高値を超えた銘柄、あるいはずっと高値を更新し続けている銘柄などなど、そのプロセスによっても注目度は変わりますが、“要注目”であることに変わりはありません。

ちなみに、その反対の上場来安値銘柄も注目に値します。

UP 色々なチャートを見て「ここを超えると株価が加速する」という節目を見つけよう

21 トレードの基本はとてもシンプル

あくまでもシンプルに三つをくり返すのが大切

株取引の本質は、じつはとてもシンプルです。「トレード」は次の三つから成り立ちます。

- **銘柄選び**
- **エントリー（買う・空売りする）**
- **決済する（利益確定・ロスカット）**

この一連の作業を、チャートのパターン（PART5参照）を利用して、**シンプルにくり返すのです。**複雑なことを日々くり返すのは大変ですよね。

つまり、わたしが実践するトレードの本質は、条件に合った銘柄を探し、それを買うか空売りし（エントリー）、利益が出たら利益確定、損失が出たらロスカット（決済）して、終わりなのです。

大切なのは、この三つの手順にはそれぞれにルールがあり、それらを守るということなのです。

銘柄選びはシンプルに複雑なことはしない

たとえば銘柄選びのルールは、

- **1日の売買代金が30億円以上が望ましく、最低でも10億円以上（流動性があるもの）**
- **ボラティリティー（株価の変動率）の大きなもの**
- **株価が「上値抵抗線」、もしくは「下値支持線」付近にあるもの**

などです（第23～27項参照）。

これらが当てはまる銘柄を、チャートを使ってこまめに探していく。これがトレードの「基本」なのです。

もちろん、トレードを重ねていれば連敗することもあります。

けれど、わたしのトレードは**勝率が低くてもトータルで利益を出すこと**、最終的に勝つこと、最後に笑うことが目的です。

銘柄選び → エントリー → 決済をくり返すだけ

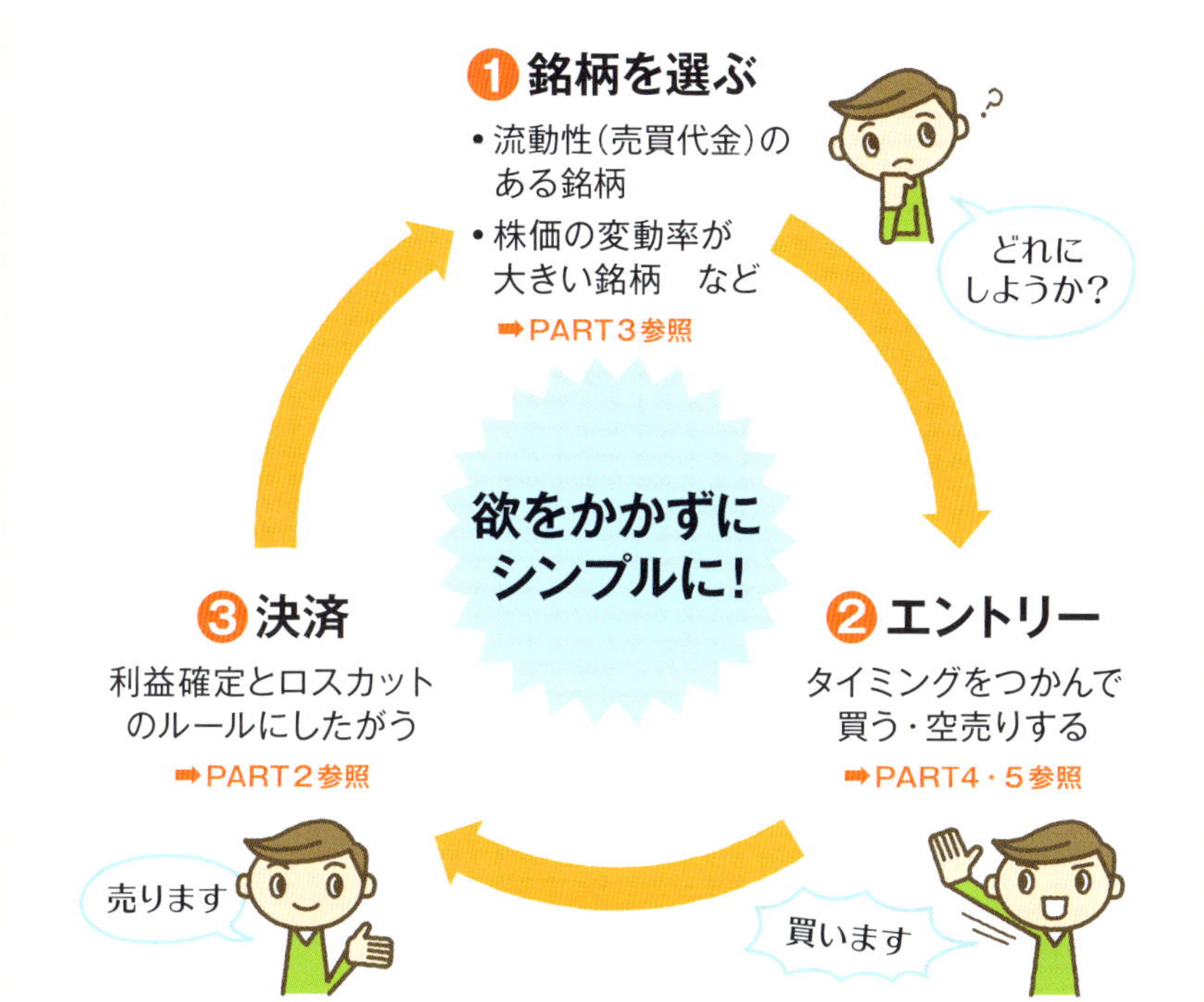

❶銘柄を選ぶ
・流動性（売買代金）のある銘柄
・株価の変動率が大きい銘柄　など
➡PART３参照
どれにしようか？
欲をかかずにシンプルに！
❷エントリー
タイミングをつかんで買う・空売りする
➡PART4・５参照
買います
❸決済
利益確定とロスカットのルールにしたがう
➡PART２参照
売ります

このくり返しで利益を確定していく!!

用語解説

売買代金

株式市場で売買が成立した株の数のことを「出来高」とよびます。これに「株価」を掛けたものが「売買代金」となります。

たとえば、株価1000円で出来高が100万株だとすると、売買代金は10億円となります。

売買代金が大きければ大きいほど資金が集まっているということになります。

売買代金ランキングをみれば、そのときに市場で注目を集めている銘柄、人気のある銘柄を知ることができるのです。

UP 複雑なことをするよりシンプルなことを繰り返していくほうが勝ち続けられます

株価は人の心理で動いている

短期の「値動き」は人の心理で動く

一見すると株価は日々、ランダムに上がったり下がったりしているように思えますが、決してそうではありません。株価は「人の心理」によって動くのです。

マーケットにおいては「集団心理」と置き換えてもいいでしょう。

人は集団になると、とたんに原始的で単純な行動をしてしまいます。

たとえば株価が上がりそうとなれば、「他の人より先に買っておかなきゃ」という人が増えて、それにつられて株価はどんどん上がっていきます。

一方、下がりそうとなれば、「早く売ってしまわないとヤバい……」と、株を売る人が増え、株価はどんどん（一気に）下がっていく、という具合です。

ある個人がどう考えているかを知ることはとても難しいことです。

でも、集団心理であれば、このように先を読みやすくなるのです。

「驚き」が生まれると相場が動く

とくに、本書で紹介する上値抵抗線や下値支持線を株価が超えるときには、多くの人の心を動かします。別の表現をすると、「驚き」が生まれるのです。

まさに「人間の心理（集団心理）が相場を動かす」ということなのです。

その心理状態を読むのがトレードですが、**そこで大切なのが流動性（売買代金）です。**

なぜか。

それは、流動性が大きければ大きいほど、多くの人が集まっているということであり、より集団心理が機能しやすくなるからです。

板情報から見る流動性のある銘柄・ない銘柄

売りたい人達の注文株数

売り注文	株価	買い注文
46000	768	
135000	767	Ⓑすぐに売れる値段 **763円**
152000	766	
301000	765	
161000	764	
	763	41000
	762	82000
Ⓐすぐに買える値段 **764円**	761	156000
	760	124000
	759	63000

買いたい人達の注文株数

売ります / 買います

ⒶとⒷの差を**スプレッド**という

流動性のある板情報

売り注文	株価	買い注文
88100	1005	
68000	1004	
43100	1003	スプレッド **1円**
63700	1002	
189500	1001	
	1000	114500
	999	43400
	998	37300
	997	29900
	996	62100

参加者が多くスプレッドが小さい
売りたい値段、買いたい値段で取引しやすい

流動性のない板情報

売り注文	株価	買い注文
2000	1100	
300	1086	
800	1049	スプレッド **50円**
100	1034	
1000	1000	
	950	1000
	929	400
	919	600
	900	1500
	888	900

参加者が少なくスプレッドが大きい
売りたい値段、買いたい値段で取引しにくい

用語解説

板情報

板情報というのは、売買注文がいくらでどのぐらい出されているのかが一目でわかるものです。

真ん中の株価をはさんで、「売り」と「買い」の注文株数が、リアルタイムで表示され、株価ごとの注文株数がわかるようになっています。

ここからも株価が今後どんな展開になるのかが推測できます。

ただし、板情報のみをうのみにするのは危険です。大量の注文を出して、投資家心理をゆさぶる戦術もあるのです。

UP 特定の個人の動きは複雑ですが、集団の心理・行動はとてもシンプルです

PART 3 今度こそ利益を出す！銘柄選びのルール

23

銘柄選びのルール①
1日の売買代金が30億円以上

流動性（売買代金）が少ないと売買しづらい

まっさきに銘柄選びの条件としてあげられるのが「**1日の売買代金が30億円以上が望ましく、最低でも10億円以上ある**」ということです。

この金額は、市場参加者が多く、活発に売買されていることを示しています。

プライム市場に上場している銘柄でさえ、売買代金の少ないものもあります。

流動性が少ないと、売りたい価格で買い手がつかないなど、売買がなかなか成立しなかったり、「ブラックスワン（81ページ参照）」と呼ばれる、突発的なことが起こったときに対応できなくなってしまう、といったリスクがあります。

これを避けるためにも1日の売買代金が30億円以上というルールは守ってください。

決済が円滑で、個人の思惑に左右されない

「1日の売買代金が30億円以上、最低でも10億円以上」という条件には、もう一つ意味があります。

たとえプライム市場に上場していても売買代金の少ない銘柄は、**極論すると、たくさんの市場参加者の集団心理ではなく、大口の個人や特定の機関投資家の思惑だけで、大きく動いてしまう**恐れがあるからです。

1日の売買代金が100億円以上ある銘柄でさえも、ときには特定の機関の思惑で動いてしまうことだってあるのです。

あくまでも集団心理を反映した銘柄を選ぶのです。

まずは売買代金でさらに銘柄を絞る

「売買代金」は、株価（終値）×出来高で簡易的に計算できます

24 銘柄選びのルール②

値動き幅の大きい銘柄

過去1か月に15%以上の値幅があること

これまで紹介してきた「1日の売買代金30億円以上」に並ぶくらい、銘柄選びに重要な条件があります。

それが「**ボラティリティー（変動率）**」です。「**値動きの大きな銘柄**」ともいえます。

エントリーから長くても2週間程度で決済するので、その間に大きく動かないと利益になりません。

なので、わたしは一つの判断基準を設けています。それが「**過去1か月で15％以上、上下している銘柄**」です。おおよそ15％以上であれば合格です。

スイングトレードにはある程度の値幅が必要です。いつ上がるか下がるか見当のつかない、ほとんど動かない銘柄よりも、明日、もしくは数日後に大きく動きそうな銘柄を選びます。

極端に大きな変動率の「仕手株」は避ける

株式市場の中には、売買代金30億円以上の銘柄でも、「仕手株」と呼ばれるものがあります。

ボラティリティーが非常に大きく、1か月で株価が2倍にも3倍にもなったり、逆に半分になったりと極端な値動きをする銘柄です。

こうした銘柄は避けたほうがいいでしょう。ここでは世界中の山っ気のある、まさに「ザ・相場師」ともいえそうな、プロ中のプロがしのぎを削っています。

わざわざ難易度の高い仕手株でトレードする必要はありません。

値動きが激しく、大きなチャンスがありそうですが、とくに最初のうちは絶対に取引しないでください。

ボラティリティーの大きな銘柄を選ぶ

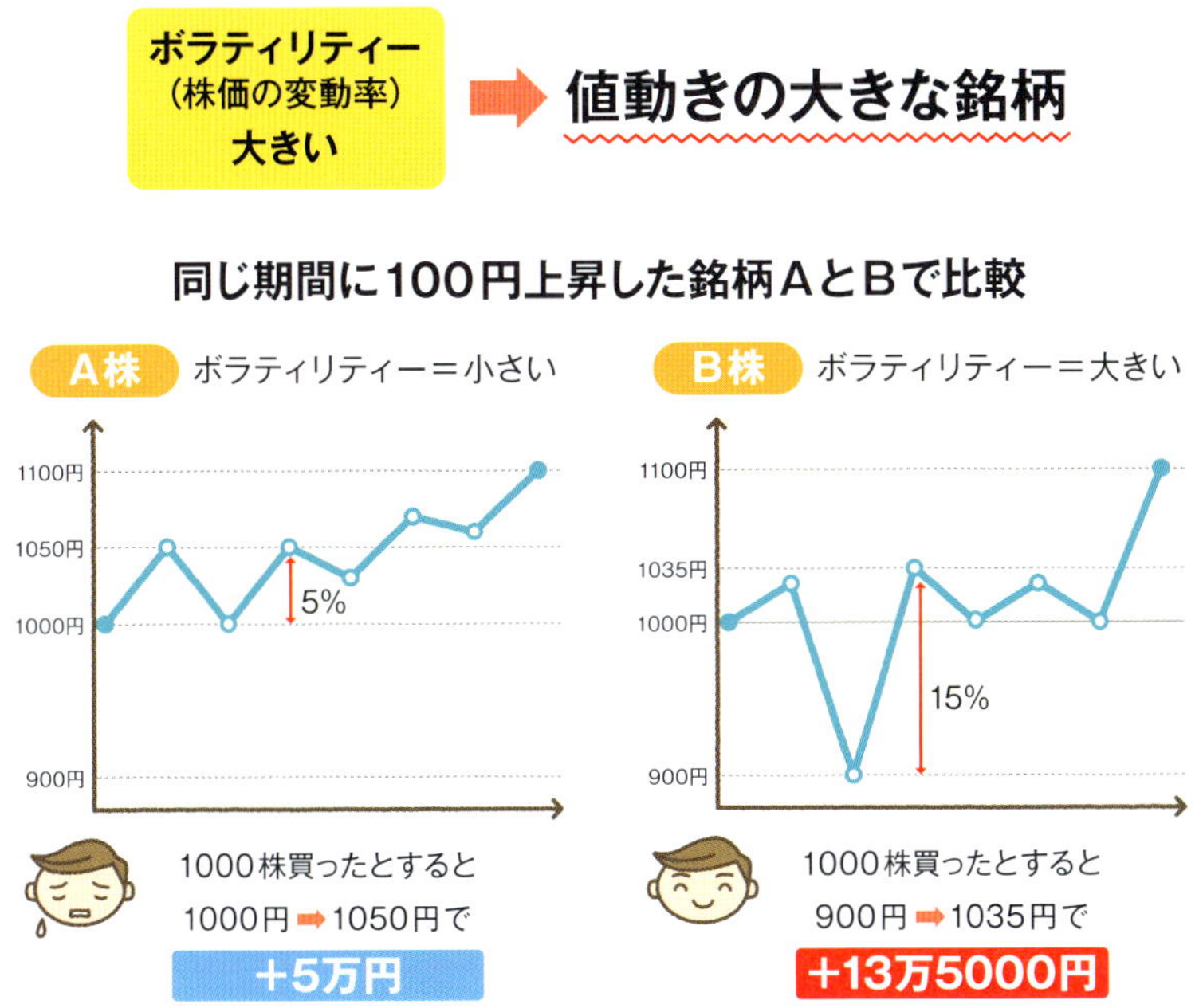

ボラティリティーの違いで利益は大きく違ってくる

用語解説

仕手株

仕手グループと呼ばれるような投資家の集団が、特定の銘柄を意図的に上昇させて収益を得ようとする投資行動があります。

株価を意図的に上げたり下げたりするのは犯罪行為ですが、こうしたターゲットになりやすい銘柄を「仕手株」といいます。

仕手銘柄が上昇し始めると、多数の投資家が、いっせいに参加して来るので、普通の銘柄よりも変動幅の大きな値動きになります。

動きの極端な仕手株には参加しないほうが賢明です。

大きく上昇した銘柄のボラティリティーが一時的に小さくなったらチャンスかも

25 銘柄選びのルール③ ブレイクしそうな銘柄

「上値抵抗線」「下値支持線」を抜けそうな銘柄

売買代金30億円以上、ボラティリティーの大きな銘柄の他に、もう一つ大切な基準があります。

それは「**ブレイクしそうな銘柄**」です。

第33・34項で解説する「**上値抵抗線」や「下値支持線」を抜けていきそうな（ブレイクしそうな）銘柄に着目します。**

すでに抜けていった銘柄ではなく、チャートを見て、後2〜3日で抜けていきそうだと判断できる銘柄を選ぶのです。

つまり、上値抵抗線（下値支持線）付近にある銘柄です。

では、ブレイクしそうな銘柄とは、どんなものでしょう。

上値抵抗線などを一度のトライで抜けていく銘柄もあれば、何度もトライしてやっと抜けるものもあります。

わたしは、ここ3か月ぐらいの間に1回から多くて8回程度、上値抵抗線（下値支持線）突破のトライを続けている銘柄に注目しています。

あまりにも長い間トライしても抜けられない銘柄は、いったん候補から外していいかもしれません。

候補がいくつかあったら「業界のリーダー」を選ぶ

これは銘柄選びの条件というより、迷ったときの〝心掛け〟みたいなものです。

エントリーする銘柄がいくつかあった場合、その他の条件が同じなら、「**業界のリーダー**」を選んでください。注目している市場参加者が多く、トレンドに乗っているときには、一番大きく上昇していくことが多いからです。

上値抵抗線と下値支持線でタイミングをはかる

上値抵抗線

チャートの主だった高値を結んだ線
➡詳しくはPART４で解説

下値支持線

チャートの主だった安値を結んだ線
➡詳しくはPART４で解説

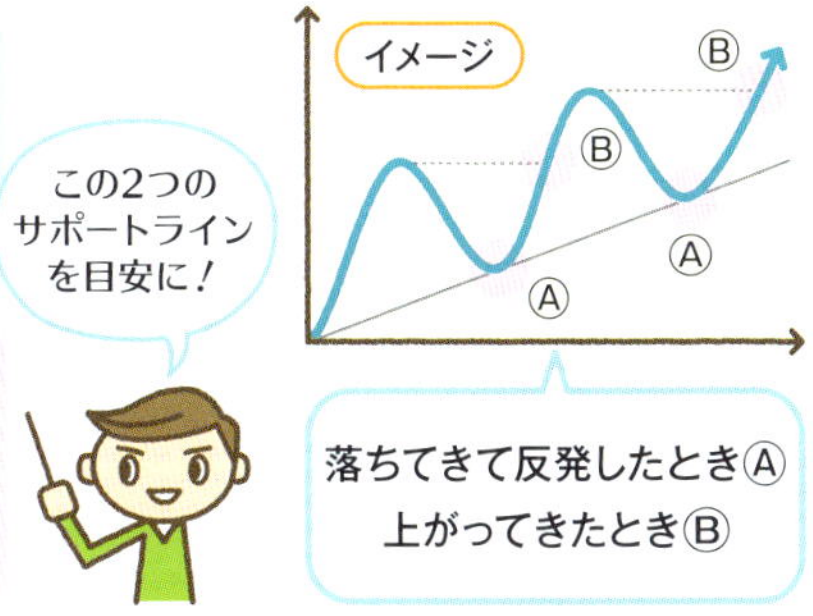

One point!

「上値抵抗線」「下値支持線」の突破は集団心理の裏で動く

「ここで上げ止まるだろう」
「ここで下げ止まるだろう」

そんな市場参加者の心理のぶつかり合いで、常に相場は動いていくのも事実です。

様ざまな市場参加者の思惑や行動を反映したものが、チャート上に形となってあらわれるのです。

そしてあるとき、驚きをともなって上値抵抗線を突破したり下値支持線を突き抜けていったりするのです。

多くの市場参加者の予想を超えたサプライズ、それが突破の瞬間というわけです。

買ってから２週間も３週間も動かない株は、たとえ損していなくも売ってしまおう

26 銘柄選びのルール④ トレンドに沿った銘柄

全体のトレンドには逆らわない！

銘柄選びの条件には「トレンドに沿った銘柄」もあげられます。

たとえば**市場全体が下落しているとき、いくら個別銘柄で上昇しているものがあっても、手を出さないほうが得策です。**全体の流れに逆らわないほうがいいのです。

そんなときは多くの銘柄が下落しているのだから、「空売り」候補の銘柄を選ぶほうが有利です。

逆に市場全体が上がっているときは、上昇している個別銘柄に「買い」でエントリーするほうが有利です。

市場全体の方向は日経平均の週足チャートで見ます。日経平均のトレンドを見ながら、**個別銘柄がそれと同じ方向を向いているかをチェックしましょう。**

そして、基本的には市場全体とミスマッチな銘柄は選ばないほうがいいでしょう。

トレンド転換時は要注意

上昇トレンドのときは利益を出しやすいため、多くの人が利益を上げ、それをネットや書籍、テレビ等で吹聴します。それを見た人がさらにマーケットに参加し、上昇します。

ところが、多くの場合、**それがマーケットのピークになり、トレンドが転換（上昇トレンドから下降トレンドへ）していくことが多いのです。**

身の回りやテレビ、ネット等で、たくさんの人が株をやっていると公言し始めるような、世の中全体が「買い」もしくは「売り」に傾いたときは、周りに流されないよう注意が必要です。

全体のトレンドに沿った銘柄を選ぶ

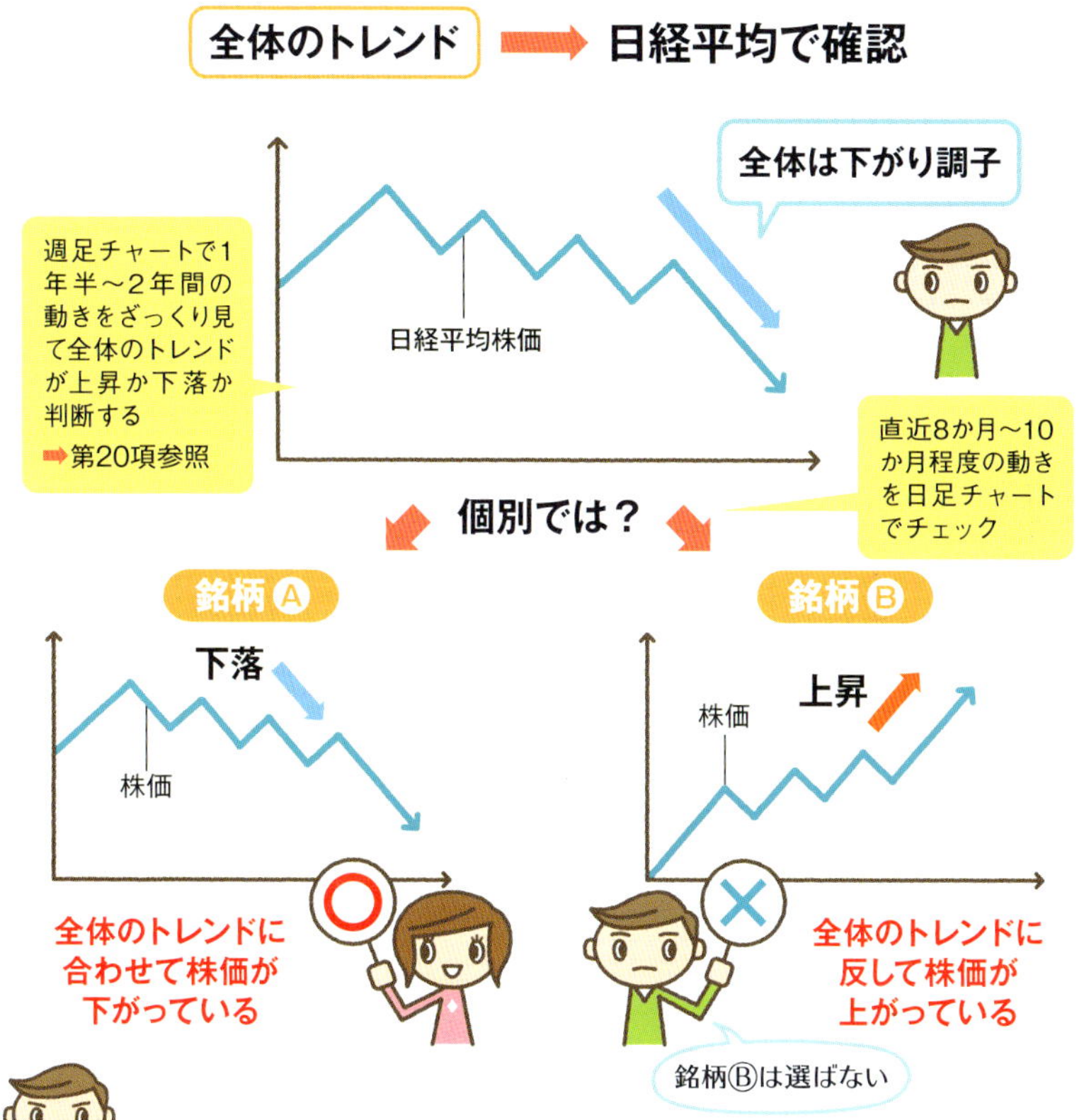

用語解説

日経225

日本の株式市場の代表的な株価指標の一つ。「日経平均」とも呼ばれます。主にプライム市場上場銘柄のうち、流動性の高い225銘柄を対象にしています。トヨタやソフトバンクグループなど、日本を代表する銘柄が数多く入っています。

TOPIX

東証株価指数（TOkyo stock Price Index）は、東証一部上場株（2022年4月以降は主にプライム市場上場株）の時価総額の合計を、1968年1月4日の時価総額を100として指数化したものです。特定の業種や企業の株価に影響されにくいのが特徴です。

トレンドに乗るというのは「株価の方向に合わせること」と「世の流れに乗ること」

27

銘柄選びのルール⑤

世の中の時流に乗った銘柄

世の中の大きな流れに乗っていること

わたしは、選んだ銘柄が「世の中の時流に乗っている」ものであるかも重要視しています。

「そのときの相場をけん引している銘柄」あるいは「大きな流れに沿った銘柄」ともいえます。

たとえば、現代の産業革命といわれるIT関連、コミュニケーションやビジネスの方法を一変させたSNS関連、大きな市場を獲得したソーシャルゲーム関連の企業などがそれにあたります。

他にもロボットや電気自動車、再生可能エネルギー、AI、半導体関連企業などがあります。

継続的に売買代金の多いチャートを見続ける

では、どうやって時流に乗っている銘柄を探すか。答えは**「継続的に売買代金の多いチャートを見続けること」です。**

売買代金が大きく、右肩上がりのチャートを探していると、数か月から数年にわたり、何度も力強く上昇する銘柄が現れます。そういった銘柄を何度も売買していくうちに、いつの間にか「時流に乗っている銘柄だった」という感じです。

経済や企業のファンダメンタルズを分析しても時流に乗った銘柄は見つけられません。実際に上昇しているチャートから見つけるしかないのです。

わたしは20年以上にわたり、何度も時流に乗っている銘柄で利益を上げることができました。それは、わたしに経済や企業の可能性を読み解く力があったのではなく、地道にチャートを見続けていたからだと断言できます。

チャートからみつける

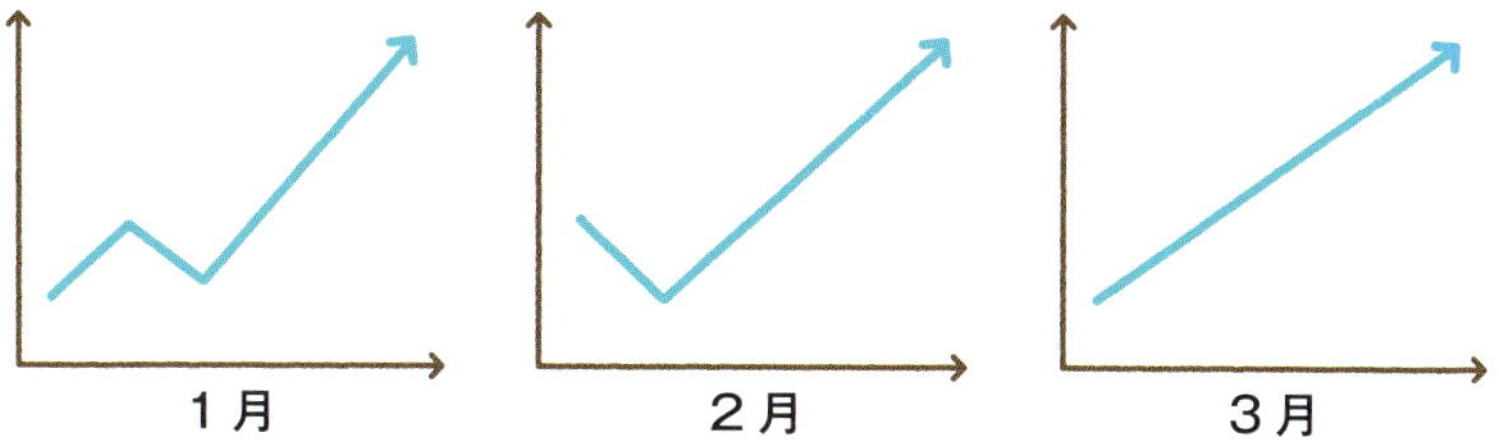
1月
2月
3月

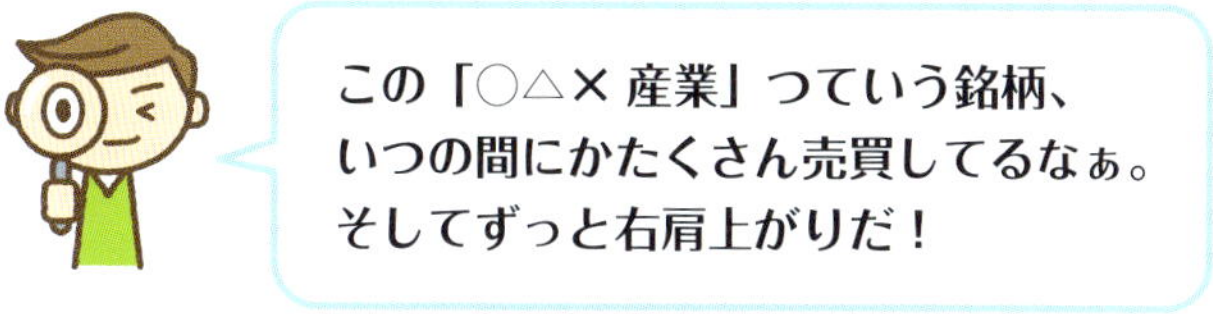
この「○△× 産業」っていう銘柄、いつの間にかたくさん売買してるなぁ。そしてずっと右肩上がりだ！

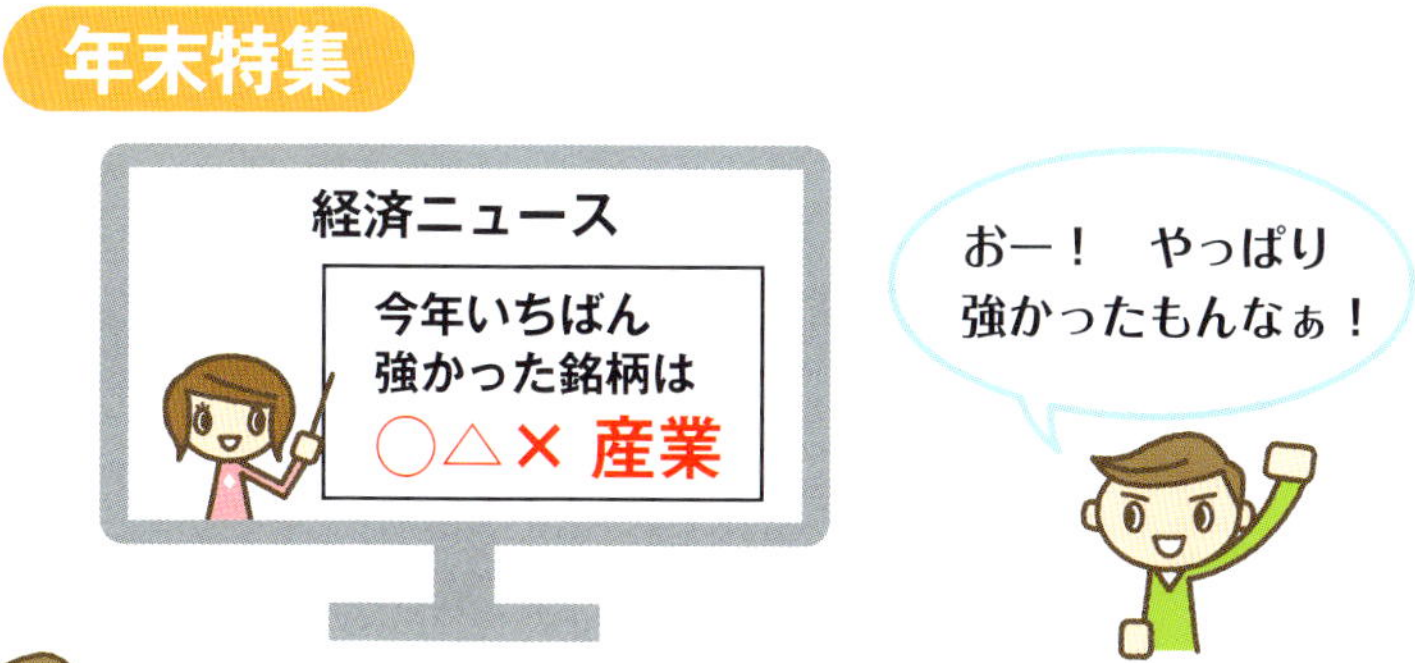
年末特集
経済ニュース
今年いちばん強かった銘柄は
○△× 産業
おー！ やっぱり強かったもんなぁ！

用語解説

ブラックスワン

確率的にほとんど起こらないことが起きてしまうと壊滅的な被害を出してしまう現象のこと。

スワンとは「白鳥」のことですが、「黒い」白鳥などいないと考えられていたのに実際には存在していたのです。

そこから「あり得ない」ことが「起こってしまう」ことを、こう呼ぶようになりました。

マーケットの世界に「絶対」はありません。百年に一度の恐慌といわれることも、実際には数年に１度ぐらい発生しているのです。

UP 時流に乗った銘柄は相対的に大きく上昇することが多いので、チャンスがいっぱい

28 株価はだませても出来高はだませない

「チャートの上値抵抗線や下値支持線を抜けていく銘柄を探す」というと、大変な作業のように思えますが、慣れてしまえば1時間もかからず、めぼしい銘柄をチェックできます。その際、**ローソク足と同時に「出来高の増減」も見るようおすすめします。**

出来高は株価と同じで日々刻々と変化していきます。そして出来高には、たくさんの秘密が隠れているのです。

株価が上がれば出来高も増えるはず

通常、株価が大きく上昇・下落するときには、出来高も増えていきます。また、**出来高を伴って急騰した後は、同じように出来高を伴って下落することが多いのです。**ところが、出来高が少ないままで株価も下落しないことがあります。

それは「まだまだ上がると思っている大口の参加者がいる」可能性があります。もしかしたら、誰かがひそかに新材料を知っていて、株を集めているのかもしれません。こんな銘柄は一気にブレイクする可能性があります。

出来高の伴わない銘柄は上昇しても参戦しない

株価は上がっているのに出来高が増えない銘柄は、いつ値崩れしてもおかしくない状況です。**こういう銘柄は基本的にトレードしません。**

何か新しい情報を持っている場合、なるべくばれないようにするものです。でも、その情報を利用して買ったり売ったりすれば、かならず出来高にあらわれます。

株価と合わせて出来高を観察すると、多くのことが読み取れます。

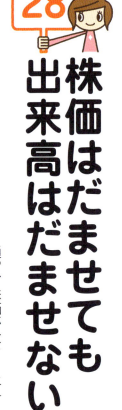

株価と出来高の関係を知っておこう

通常

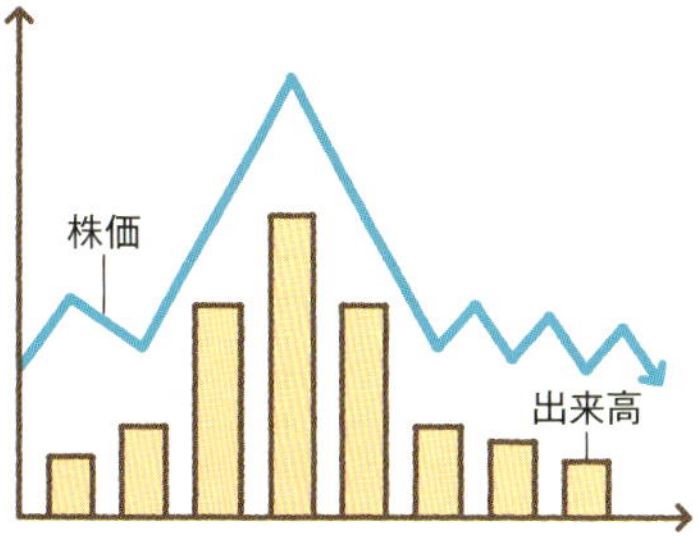

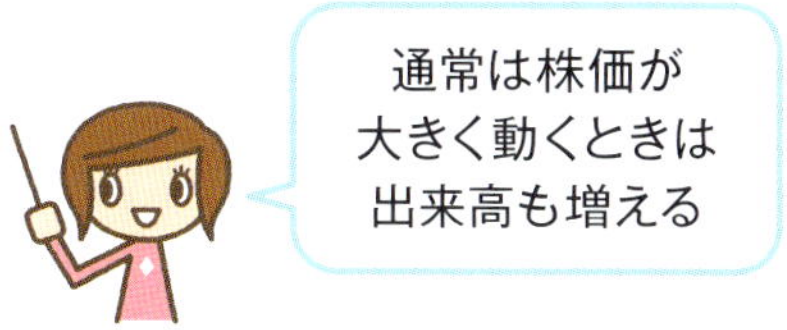

そうでないときは要注意!!

注意１

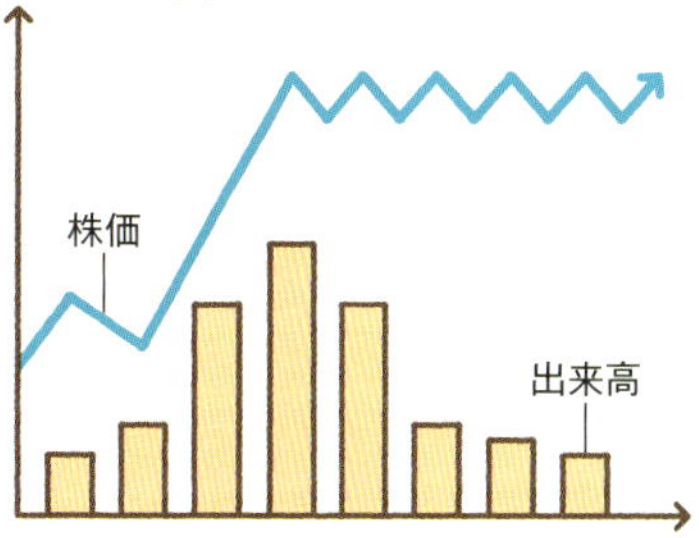

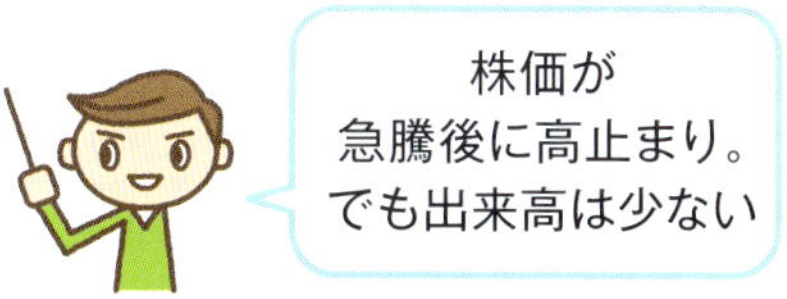

まだまだ上がると思っている
大口の参加者がいるかも

一気にブレイクすることも!!

注意２

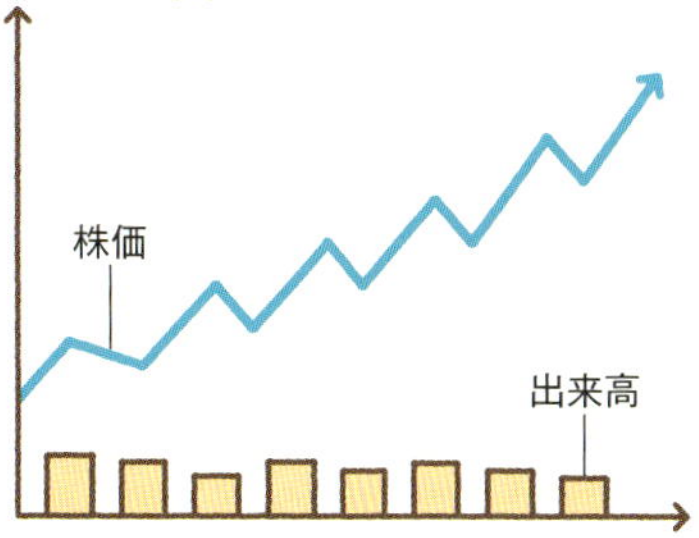

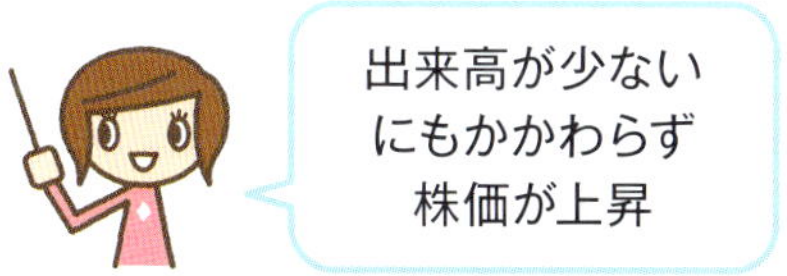

今後、値崩れする恐れあり

手を出さない

ある時期から出来高が急増している銘柄には「何かある」ことが多いです

29

2週間動かない銘柄は処分

エントリー後、思惑に反したらいったん決済

トレードは市場参加者の心理を読んでエントリーするもの。そうはいってもうまくいかないことのほうが多いのです。**つまり、間違えることもよくあるのです。**

そのため、わたしはロスカットの水準を厳しくし、損失を最小限にしています。

さらにロスカットの水準に達しなくても、**エントリーしてから2週間、何も起こらなければリセットする**ことにしています。

2週間たっても何も変わらないということは、銘柄選びの段階で何かを間違えたか見落としていたことを意味します。

その場合**「不良在庫」として処分し、新たな銘柄を選び直します。**少し間を開けて同じ銘柄にエントリーすることもあります。

資金を凍結させる「不良在庫」は処分

効率よくトレードするには、損失額を最小限に抑えるのと同様に**時間のロスも最小限に抑えなければなりません。**

短期間で結論を出すスイングトレードでは**2週間もの間ほとんど動かないような銘柄は、資金を拘束してしまう、いわば塩漬け株と同じような存在です。**

すみやかに決済して、新たな銘柄を選ぶべきでしょう。

そのためにも日常的に「銘柄選び」する習慣をつけて、いつでも新たにエントリーできるものを探しておくことも大切です。

たとえ2週間経たなくても、他によい銘柄が見つかったら、そちらに資金を移すことだってあります。

時間的なロスも避けよう

人生で一番重要な資源は「時間」。この資源を浪費するのが一番もったいない

Column

Q. 株価が底値、または高値だとわかる方法はありますか

Answer

株価が底値なのか、高値なのかということは正確には後になってみないとわかりません。

その発想自体、株価の動きを当てようとしているのではないでしょうか。

わたしは、株価の動きを予想してトレードしているのではなく、株価の動きをいくつか想定してポジションを取っています。
ですので、「ここで下げ止まるのでは？」「ここが底なのでは？」と思って株を購入するのではありません。株価が下げ止まるのを確認した後、反転が始まったのを確認できればポジションを持ち、エントリー後に利益が伸びれば伸ばすし、もし下に抜けていくのであればロスカットで対応して資金を守ります。
そして必要に応じて次のチャンスを待つ、という感じでトレードを行うのが理想です。

この「株価の動きを予想する」と「株価の動きに対してポジションを取る」の違いをしっかり理解して、トレードにいかしてください。

PART 4
誰も教えてくれない！チャートの本当の読み方

30 最強のテクニカル指標「ローソク足」

ローソク足一つで その日の取引がわかる

銘柄選びやエントリーのタイミングで最も重視される「チャート」。**チャートを読めれば、トレードで勝てるといっても過言ではありません。**

そのチャートは「ローソク足」から成り立っています。左ページのように、ローソク足一つでその期間の株価の動きがわかるのです。

たとえば1日の株価の動きを示した「日足《ひあし》」では、その日の株価が上がったか下がったかが一目でわかるように表示されます。

上昇して終わったときはローソクの柱の部分が白く表示される「**陽線**」、下落して終わったら柱の部分が黒塗りされる「**陰線**」として表示されます。

さらに(日足の場合)、

- **1日の最初についた株価=寄り付きについた株価「始値《はじまりね》」**
- **1日で最も高かった株価「高値」**
- **1日で最も安かった株価「安値」**
- **1日の最後=大引けの株価「終値《おわりね》」**

の四つで構成されています。これらを四本値といったりします。

目的によって ローソクの期間を変える

チャートは「日足」だけではなく、1週間単位で1本のローソク足を構成する「週足《しゅうあし》」、1か月単位で構成される「月足《つきあし》」があります。1分単位で表示される「1分《ふん》足《あし》」、5分ごとに1本が構成される「5分足」もあります。

スイングトレードは、**主に日足で個別銘柄の株価の流れを見ます。**

相場全体のトレンドを把握したいときは、週足や月足といった長い時間軸のローソク足を見ます。

ローソク足で株価の流れが一目瞭然

1日のローソク足の動き

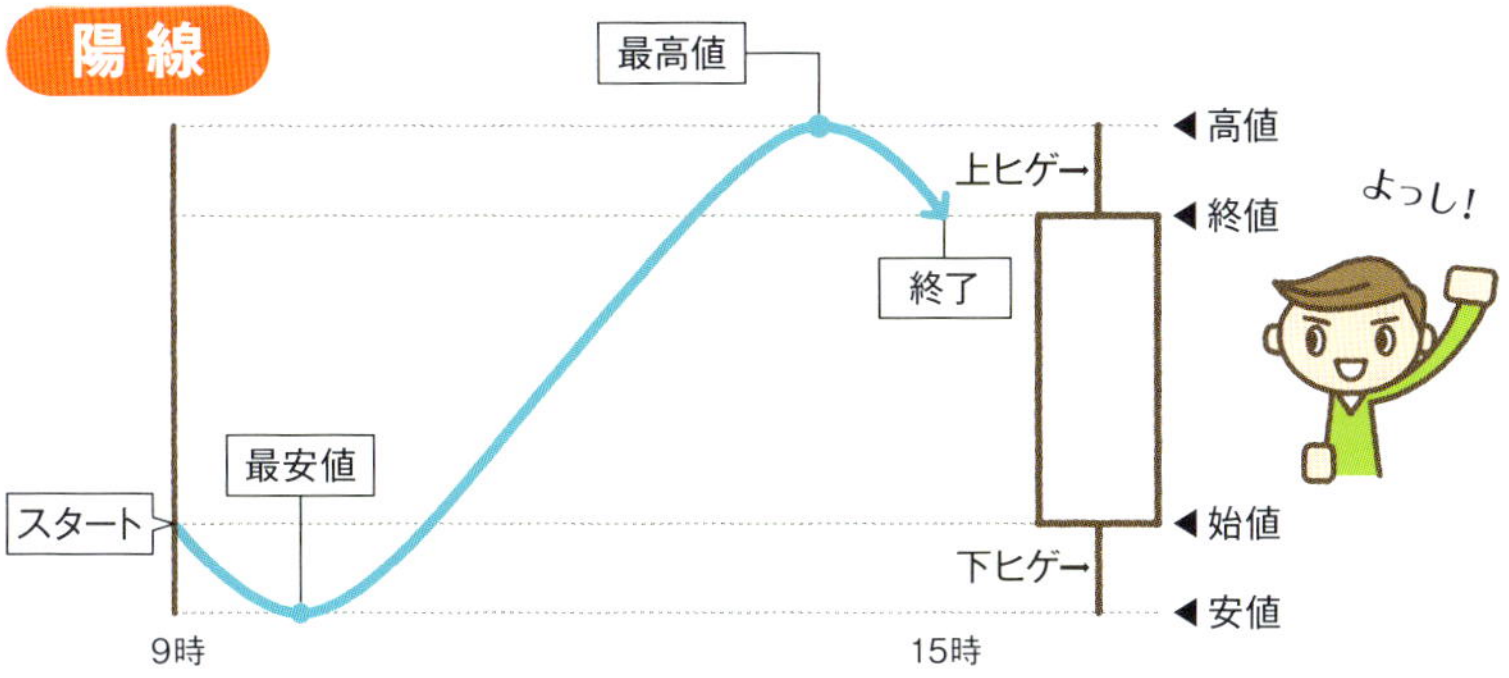

朝安く始まって終値が高ければ陽線になる。
この株を買った人は強気でハッピー！

陽線は買い意識が強い

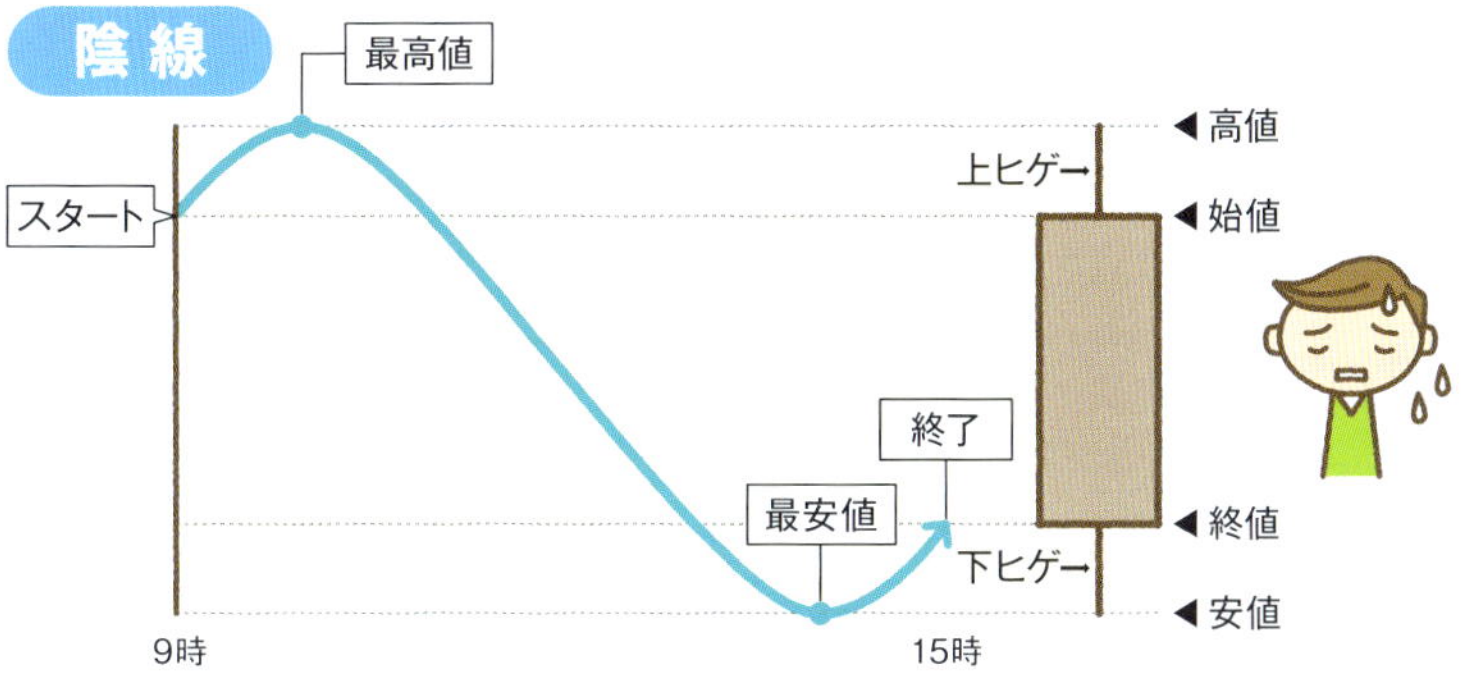

朝高く始まって終値が安ければ陰線になる。
この株を買った人は弱気でゲンナリ！

陰線は売り意識が強い

ローソク足１本１本に隠された集団心理をイメージしながらチャート全体を見ます

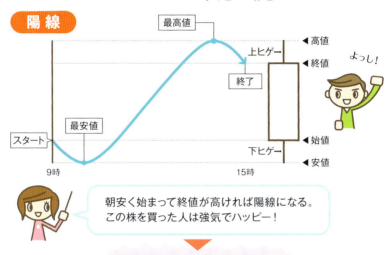

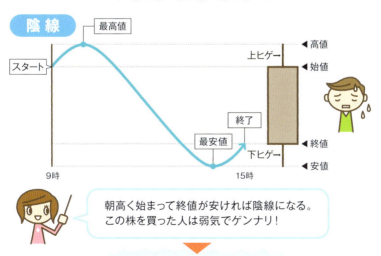

31 買い意識が強い「陽線」

株価上昇のシグナルが読み取れる？

ローソク足がすぐれているのは、その形で市場参加者の考えがある程度読め、**今後の株価の動向をイメージできるからです。**

たとえば始値が最安値で、終値が最高値となる「陽の丸坊主」（ヒゲのない陽線）は、その日に買ったすべての人が儲かっていることを示します。

「翌日以降もさらに上がるだろう」と期待できる強いサインです。

その日買い逃した人が翌日以降、買いに来ることが予想され、一段と高くなる可能性もあります。

下ヒゲは強気 上ヒゲは弱気

もう一つ、ローソク足で重要なものに「**ヒゲ**」があります。

たとえば陽の丸坊主の下にヒゲができる「陽の大引け坊主」は、寄り付き後に一度安値をつけ、終値が最高値になるもの。とくに安値圏では陽の丸坊主以上の力強い上昇が期待できます。

逆に、陽の丸坊主の上にヒゲがつく「陽の寄り付き坊主」は、始値から一度も下がることなく最高値をつけたあと、安くなって大引けを迎えた形です。上昇相場での警戒感を示しており、やや下降気運であることをあらわしています。

下ヒゲが長いのは下で（安く）買えた人が多く、上ヒゲは上で（高く）買ってしまった人が多いのです。

- **下ヒゲが長い＝買いの意識が強く、強気のシグナル**
- **上ヒゲが長い＝売りの意識が強く、弱気のシグナル**

と覚えればいいかもしれません。

その他にも、陽線の大きさで「大陽線」「小陽線」に分類されます。

陽線の形にあらわれる心理とは

陽の丸坊主

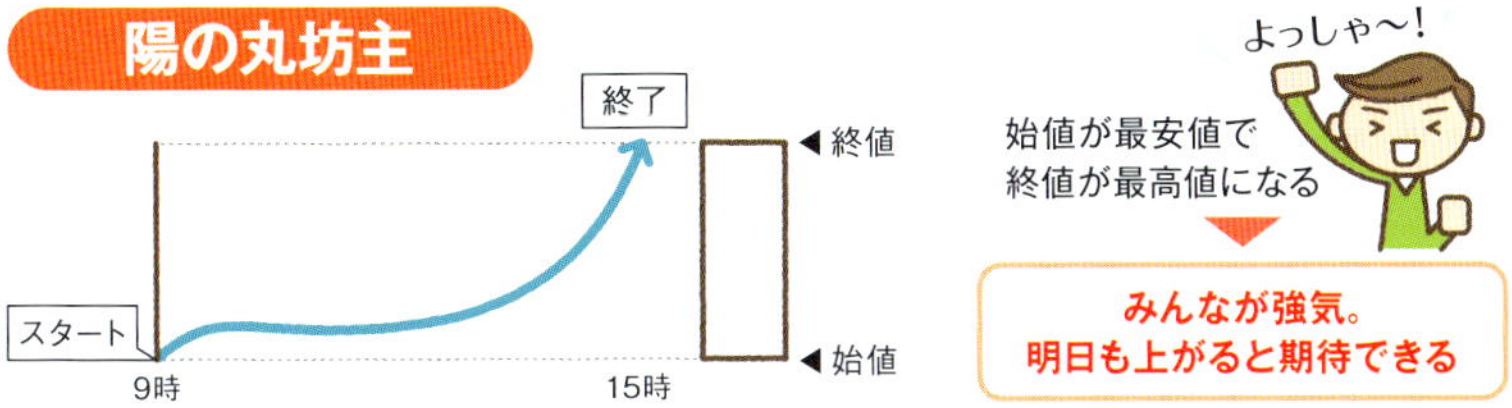
終了
スタート
9時
15時
◀終値
◀始値
よっしゃ～！
始値が最安値で
終値が最高値になる
みんなが強気。
明日も上がると期待できる

陽の大引け坊主

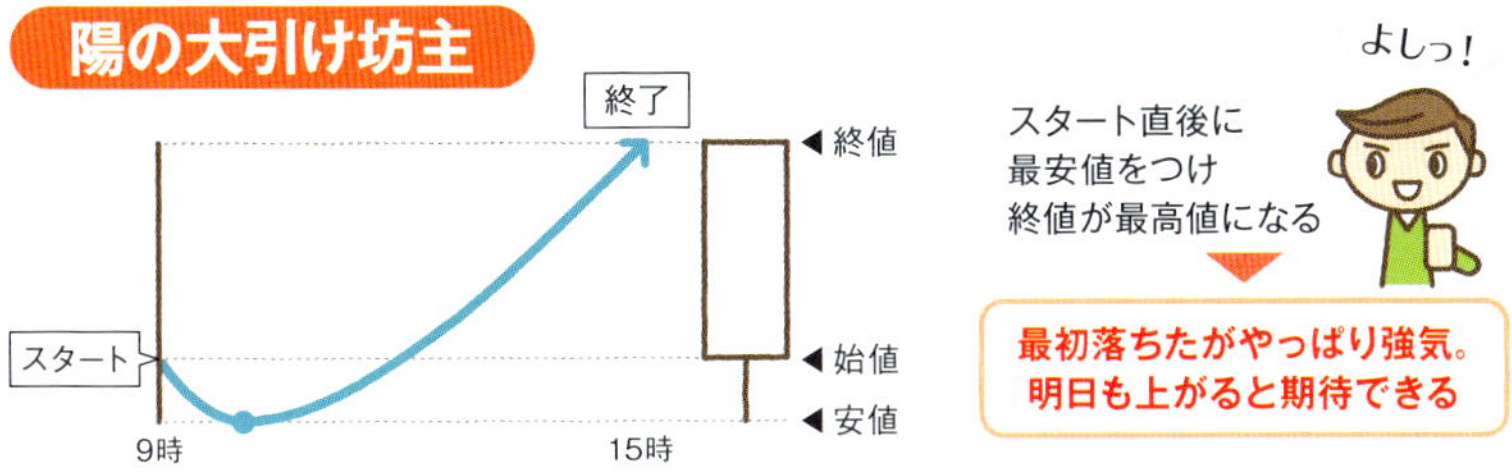
よしっ！
終了
スタート
9時
15時
◀終値
◀始値
◀安値
スタート直後に
最安値をつけ
終値が最高値になる
最初落ちたがやっぱり強気。
明日も上がると期待できる

陽の寄り付き坊主

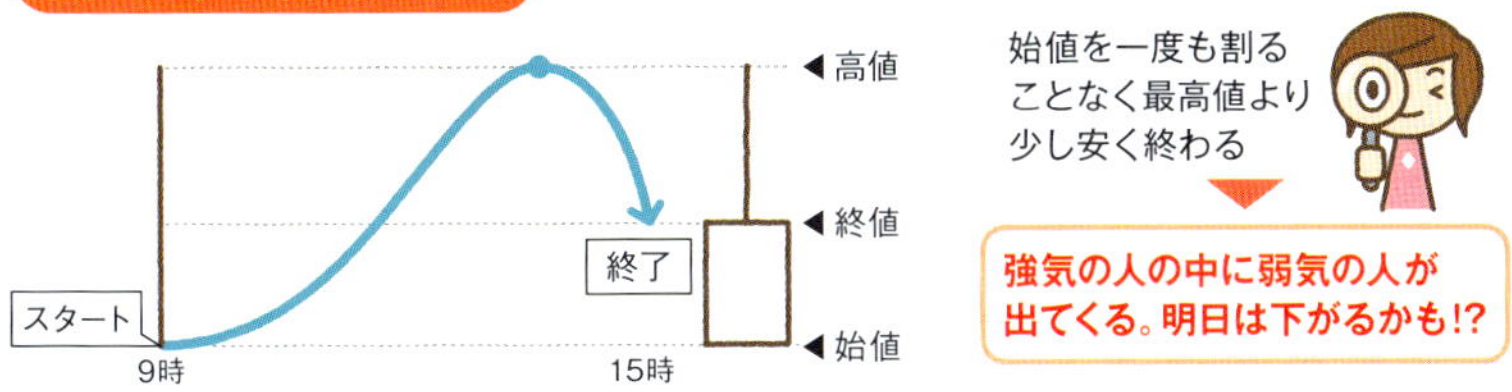
終了
スタート
9時
15時
◀高値
◀終値
◀始値
始値を一度も割る
ことなく最高値より
少し安く終わる
強気の人の中に弱気の人が
出てくる。明日は下がるかも!?

用語解説

移動平均線

移動平均線とは、ある一定期間の株価（終値）の平均値を結んだものです。25日移動平均線であれば、過去25日の終値の平均値となります。

一般的に日足では、5日、25日、75日移動平均線を、週足では13週、26週移動平均線を用いることが多いです。

この移動平均線を見ることでその銘柄のトレンドがよりはっきりし、トレンドの変化もわかりやすくなるのです。

MA(Moving Average)と表示されることもあります。

UP 出来高を伴った長い陽線が出たら、その後「何かある」ことが多いのでチャンス

売り意識が強い「陰線」

「陰の丸坊主」「上ヒゲ」は下落のシグナル

「陰線」にも様ざまな市場参加者の心理が隠れています。

陰線はその大きさによって大陰線と小陰線に分かれます。たとえば大陰線の「丸坊主」は、株価が始値から終値まで一貫して下落したことをあらわし、「きわめて弱気な状況」を示しています。

さらに、ここに**「ヒゲ」が加わると、参加者心理がもっと詳しくわかります。**

たとえば、株価が大きく上昇したものの、最終的には始値よりも大きく下落して「上ヒゲ」をつけたとします(大引け坊主)。ここでの心理は「弱気」。売りの意識が強く、今後の相場では弱気になると予想できます。

一方、「下ヒゲ」の長い「陰のカラカサ」と呼ばれるローソク足は、一度は株価が大きく下落したものの、切り返して上昇し、終値を迎えたものです。始値を超えられなかったけれども大きな下落をはね返して上昇してきた状態。下落相場の底値のあたりで出ると「上昇の兆し」になります。

タイミングや場所によっても意味が異なる

ローソク足から参加者心理を読むときに注意したいのは、**そのローソク足が底値圏で出たのか、高値圏で出たのかで、意味が変わる**ことです。

「陰のカラカサ」のように、陰線でも底値であらわれると上昇の兆しになります。

ローソク足の集合体がチャートですが、大切なのは市場参加者の意識の方向とその流れがどっちを向いているかを意識することです。

陰線の形にあらわれる心理とは

陰の丸坊主

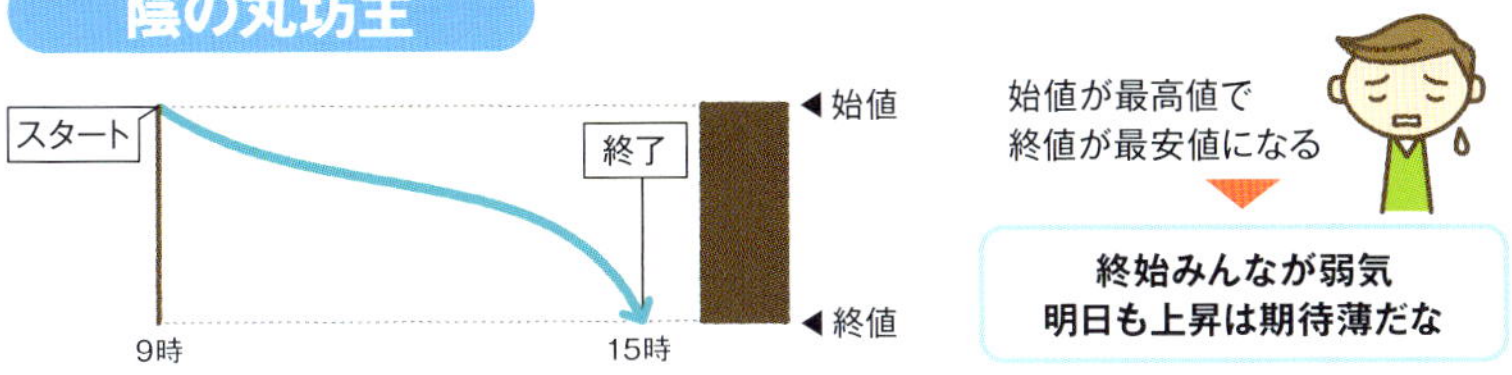

スタート
終了
9時
15時
始値
終値
始値が最高値で
終値が最安値になる
終始みんなが弱気
明日も上昇は期待薄だな

上ヒゲの長い陰線

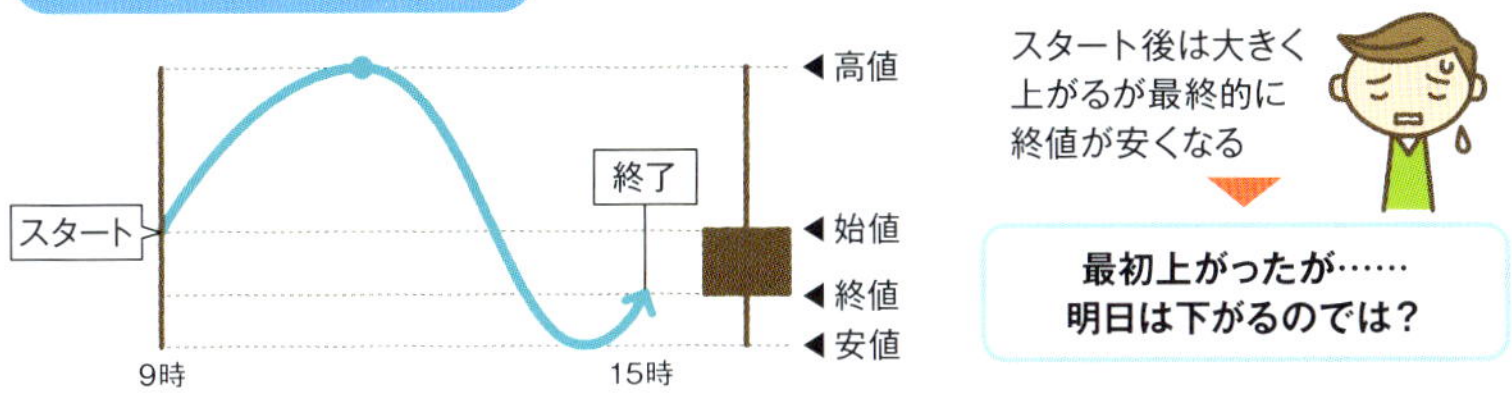

スタート
終了
9時
15時
高値
始値
終値
安値
スタート後は大きく
上がるが最終的に
終値が安くなる
最初上がったが……
明日は下がるのでは？

陰のカラカサ

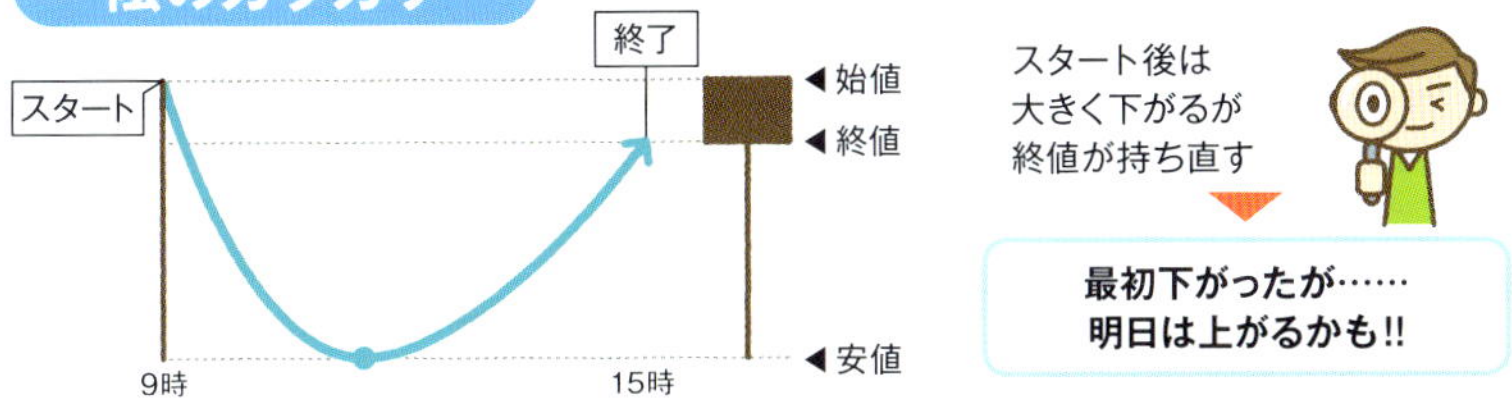

スタート
終了
9時
15時
始値
終値
安値
スタート後は
大きく下がるが
終値が持ち直す
最初下がったが……
明日は上がるかも!!

One point!

下値支持線、上値抵抗線は自分で引く？

次項以降で説明する下値支持線や上値抵抗線は基本的に、チャート上に自分で線を引いていくことになります。

慣れてきたらパソコンのチャートソフトを使ってもいいのですが、最初のうちは面倒でも、チャートを印刷して、えんぴつと定規を使って線を引いてみるのがいいと思います。

引く際のポイントですが、多少のはみ出しやズレはある程度無視してもよいです。

UP いつもの３倍以上の出来高で、長い下ヒゲのローソク足が出たら反転の合図

33 上昇トレンドに引く「下値支持線」

主な安値と安値を直線で結ぶ

株価は小さな「山（高値）」と「谷（安値）」をくり返して推移します。

そして、買いたい人が売りたい人よりも多いと、株価は上がってきます（上昇トレンド）。

そんな上昇トレンドの株価の**主な「安値」と「安値」を結んだ直線が下値支持線です。**サポートラインとも呼ばれます。

買いたい人が売りたい人よりも多い相場展開のときに**「ここで下落が止まるだろう」と意識される線です。**

この線が上を向いているかぎり、トレンドに沿って**「買い」をエントリーします。**

もっと詳しく説明すると、株価が下値支持線に向かって下落しているときにエントリーの準備を始めます。

そして、**下値支持線が機能して株価が反発したのを確認してから「買い」エントリーします。**

前日の高値を超えたら買う

具体的には「反発を確認した日の高値を超えたら『買い』エントリー」を入れるのが基本です（PART5参照）。

どんな状況でもトレンドに逆らったトレードはしないのです。

この下値支持線や次項で紹介する上値抵抗線に株価が近づいていくほど、買い方と売り方の攻防が激しくなり、市場参加者の注目も集まります。

そんな状況こそ、**相場の「節目」**であり、場合によってはトレンド転換のポイントになります。

いずれにせよ、この「節目」が大きなチャンスです。

下値支持線と「買い」のねらい目はココ

「買い」の時期を見る

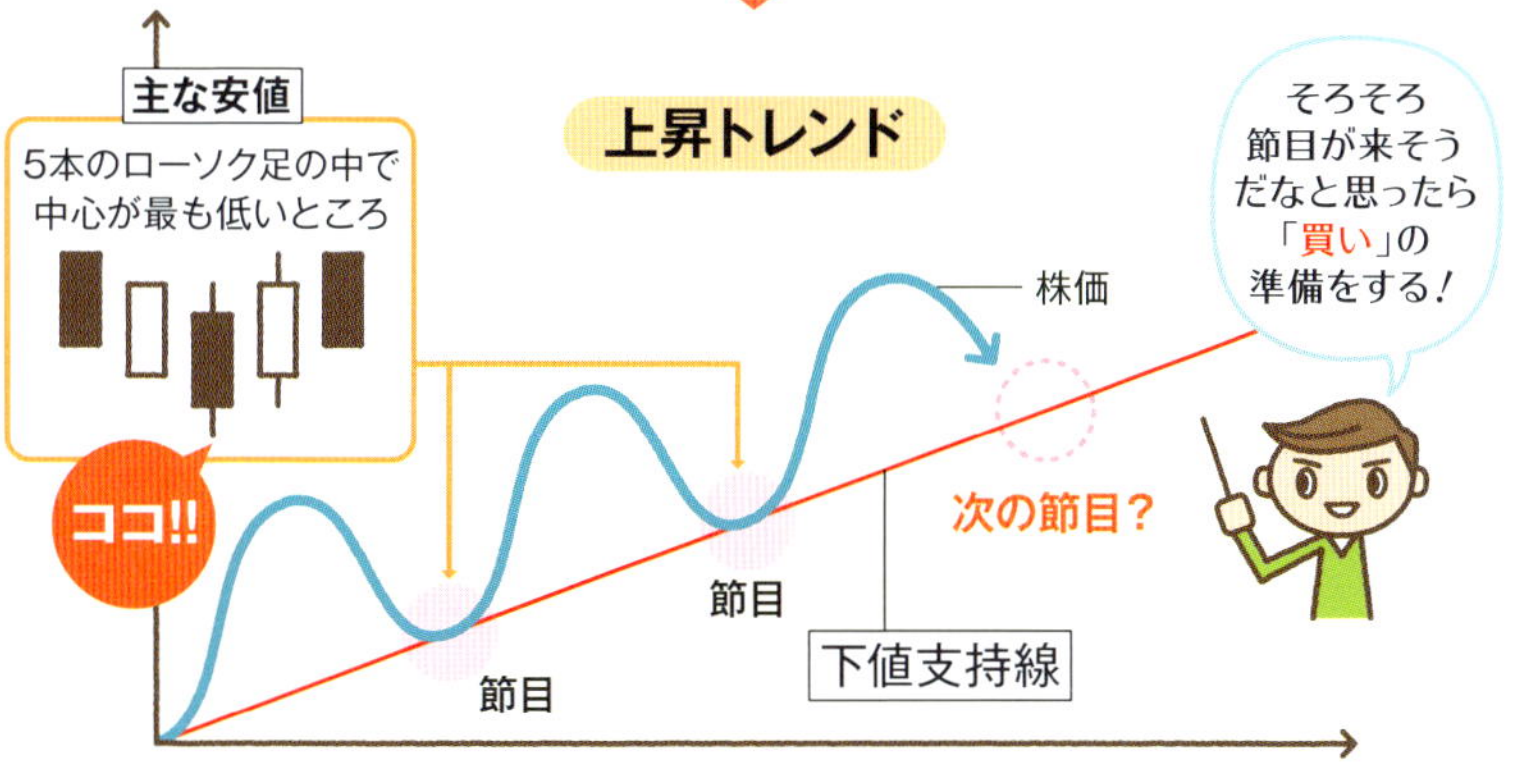

エントリーはローソク足を見て判断

エントリーした後に下値支持線を割り込んでしまったら、必ず即ロスカット！

34

下降トレンドに引く「上値抵抗線」

8か月~10か月間の高値を直線で結ぶ

「上値抵抗線」とは、主な「高値」と「高値」を直線で結んだものです。上昇トレンドのときにも引くことはありますが、基本的には**「下降トレンド」のチャートで引きます。**レジスタンスラインとも呼ばれます。下値支持線でもそうですが、わたしは**8か月~10か月の日足チャート上に上値抵抗線**を引いて参考にしています。その際のポイントに、1週間に1~2回は引き直すというのがあります。なぜなら、チャートが1日進めば高値の位置も変わっていくからです。

上値抵抗線に株価が近づくほど、買い方と売り方の戦いが激しくなります。基本的には売り方有利ですが、買い方が勝ったときにそれがサプライズに変わり、大きく動くこともあります。ゆえに、多くの市場参加者が意識する、この**上値抵抗線は「節目」になり、大きなチャンス**といえます。

ここでもトレンドには逆らわない

「トレンドはフレンド(友達)」という言葉があります。とくに継続して勝てるようになるまでは、トレンドに逆らってはいけません。

トレンドに逆らってトレードをするのは、川の流れに逆らって泳ぐようなもの。ムダな体力を使うだけでなく、なかなか前に進めないのです。

上値抵抗線を使った方法で最も一般的なのが、株価が上値抵抗線にはね返されたのを確認した翌日以降、その安値を割り込んだら**「空売り」**を仕掛けること。

上値抵抗線が機能して株価が下落し始めた瞬間をねらうのです。

上値抵抗線と「空売り」のねらい目はココ

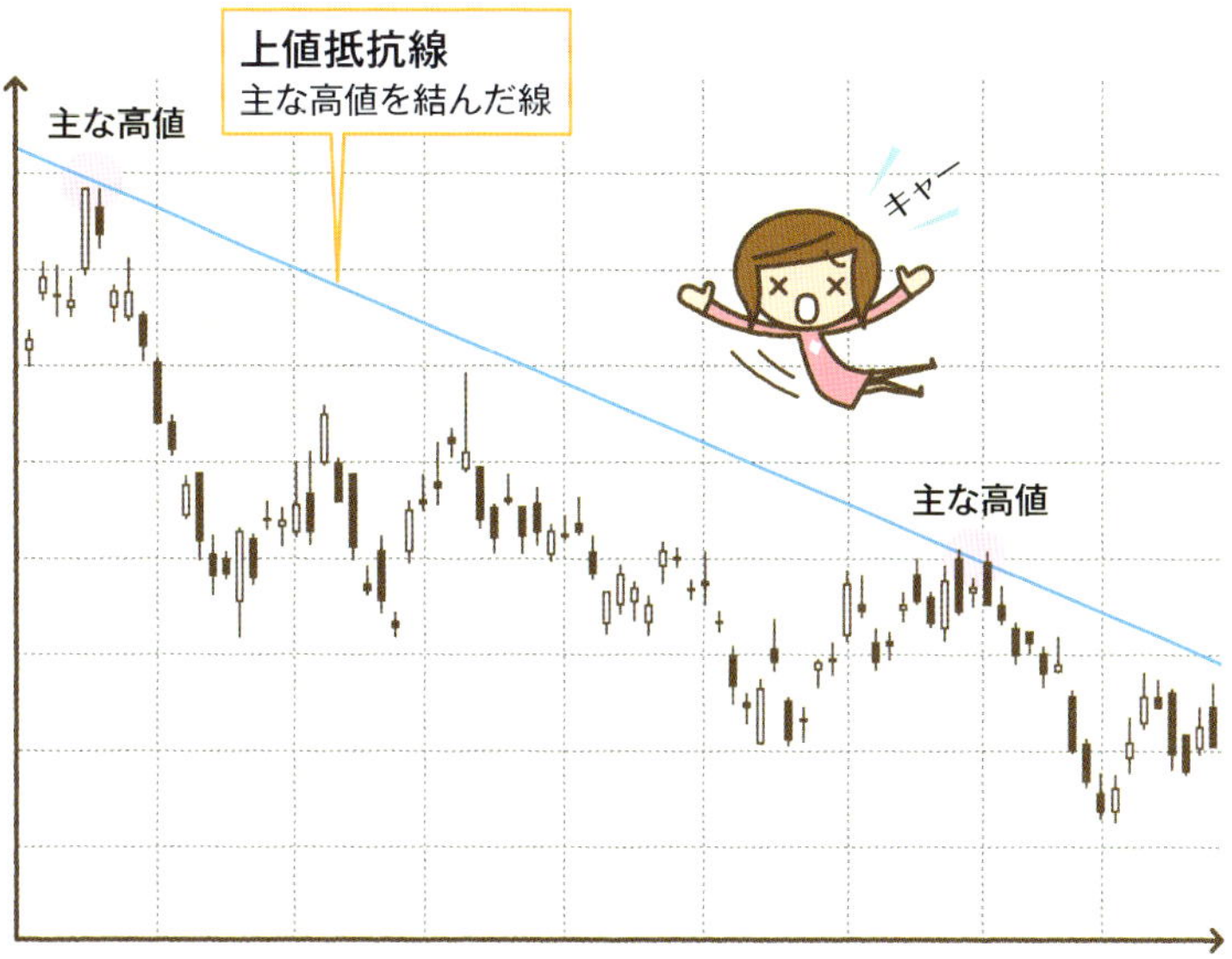

「空売り」の時期を見る

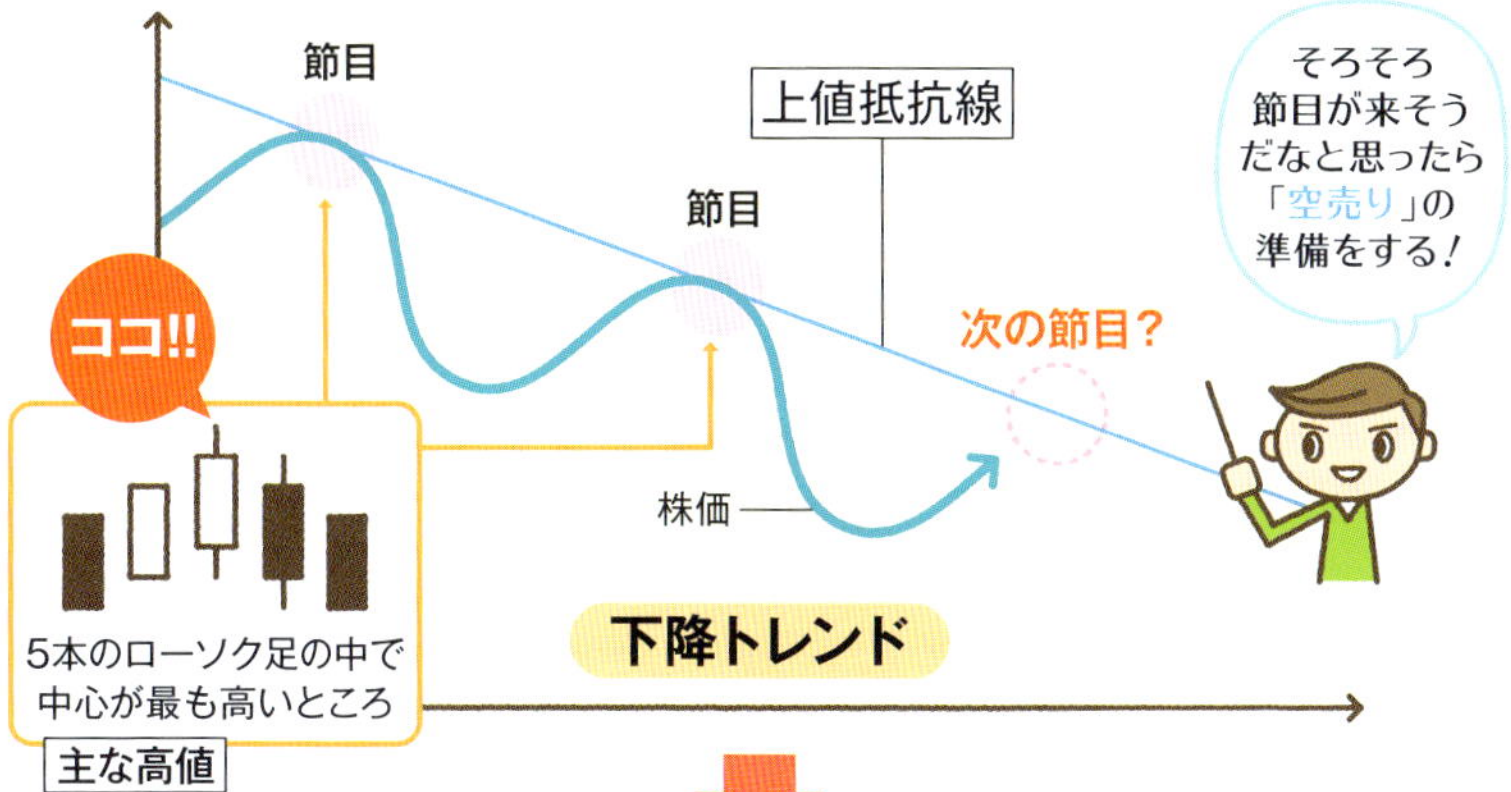

エントリーはローソク足を見て判断

エントリーした後に上値抵抗線を超えてしまったら、必ず即ロスカット！

ケーススタディー1　下値支持線

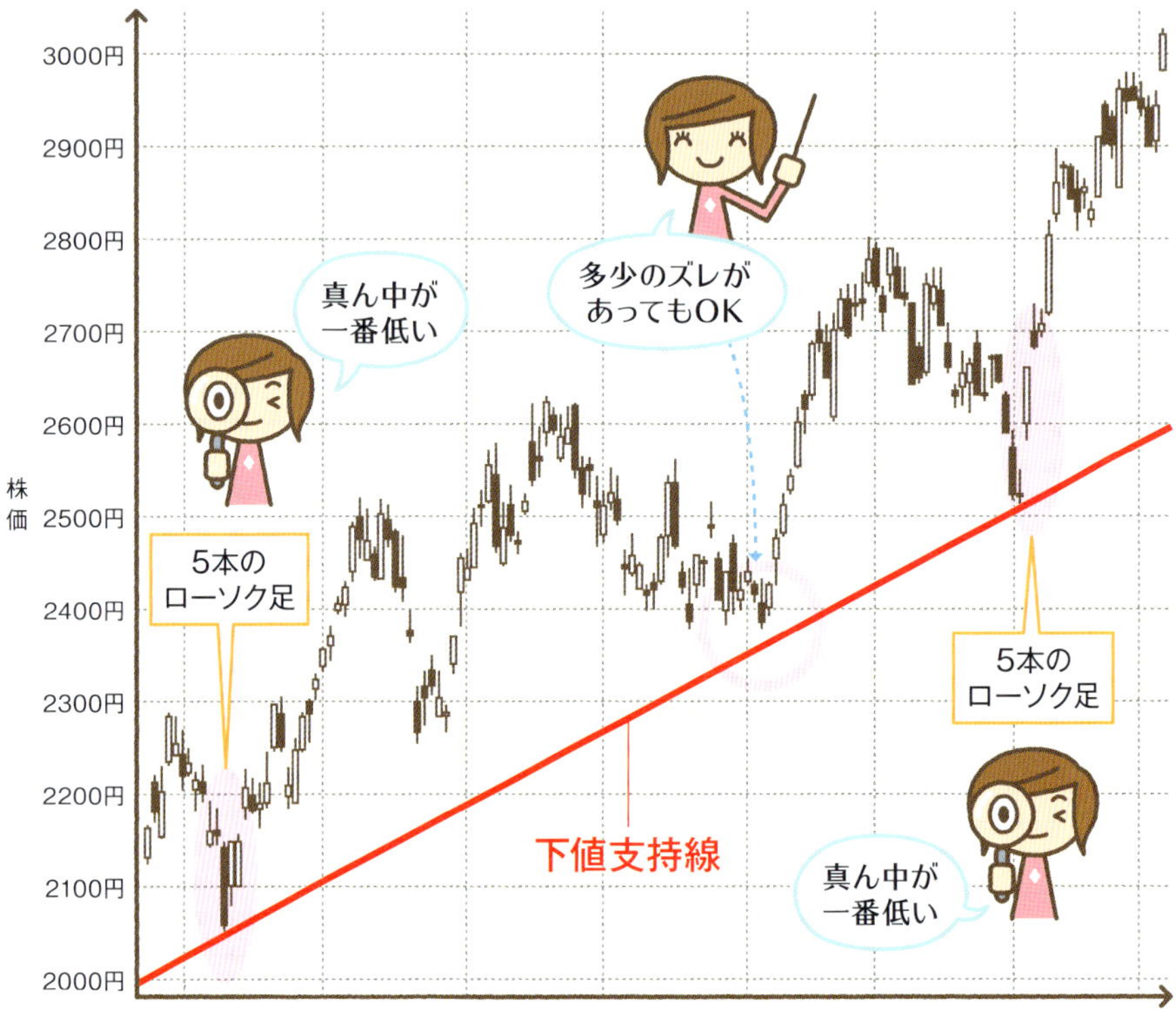

上昇トレンドに「下値支持線」を引く

市場参加者が強気になると、株価はどんどん上がっていきます。そのとき「これ以上は下がらないだろう……」と思われる、主な「安値（谷）」と「安値」を結んでいくのが「下値支持線」です。

「主な安値」とは、**5本のローソク足を1セットにしたときに、その真ん中が一番低いものを指します。**「下ヒゲ」が出ているときは、ヒゲの最先端が安値です。

また、多少のズレやはみ出しは気にしなくても結構です。

上昇トレンドだけでなく、横ばいのチャートでも、下値支持線を引いてみてください。

ケーススタディー2　上値抵抗線

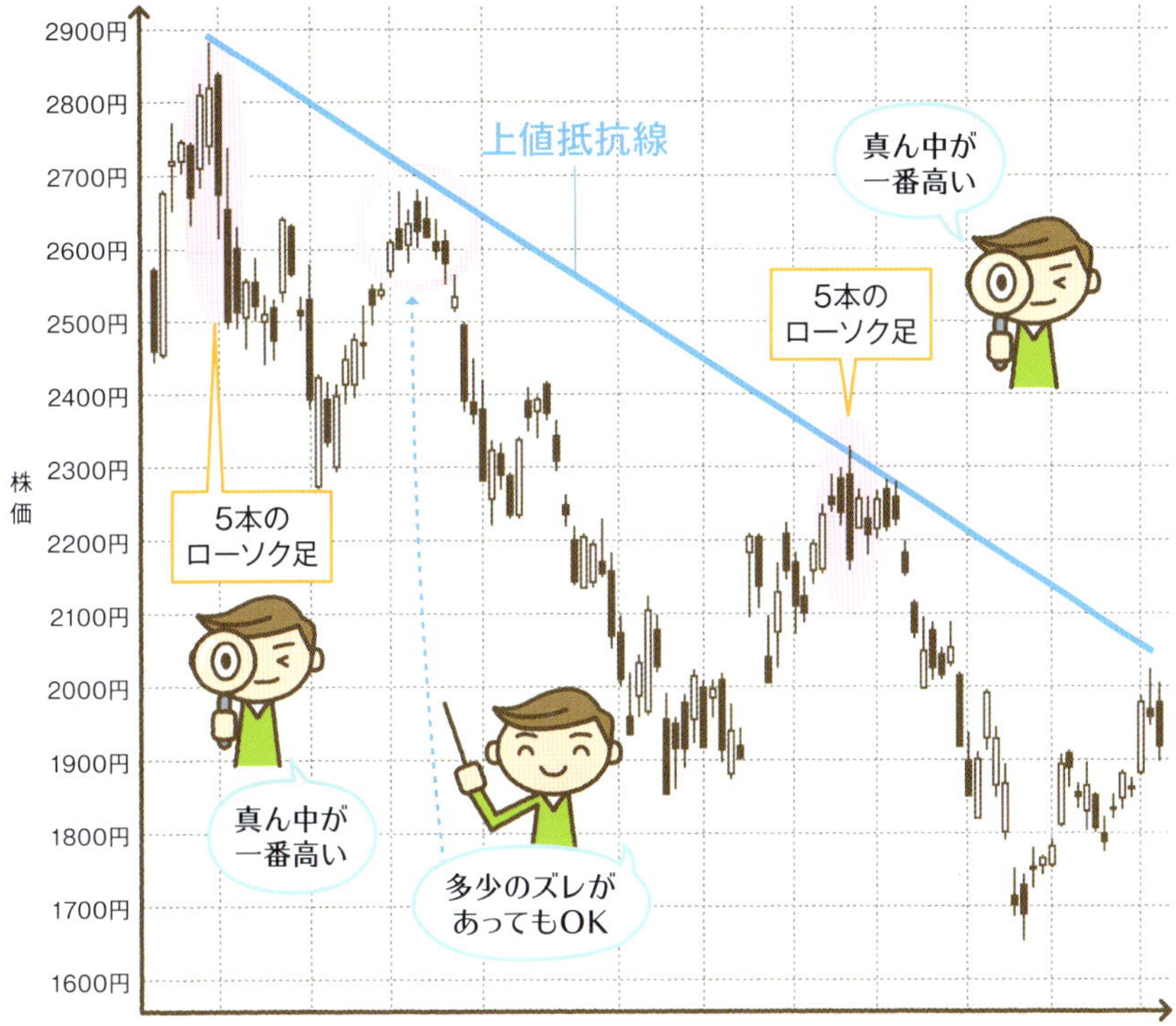

下降トレンドに「上値抵抗線」を引く

みんなが弱気になっていくと、株価はずるずる下がっていきます。そのとき「これ以上は上がらないだろう……」と思われる、主な「高値（山）」と「高値」を結んでいくのが「上値抵抗線」です。

「主な高値」とは、**5本のローソク足を1セットにしたときに、その真ん中が一番高いものを指します。**「上ヒゲ」が出ているときは、ヒゲの最先端が高値です。

わたしは日足で8か月～10か月程度のチャートを見ながら、下降トレンド銘柄をチェックし、上値抵抗線を引いています。

Column

Q. NISA（ニーサ：少額投資非課税制度）の利用法があれば教えてください

Answer

NISAは、あくまでも長期投資向けの制度になります。トレードの場合、短期売買をくり返すので、NISAの恩恵である非課税枠（年間120万円）を一瞬で使い切ってしまいます。

なぜならNISA制度は一度投資したものを売却してしまうと、その投資枠を使って新たに投資することができない仕組みだからです。ですので、トレードを行うのであればNISAを活用するのではなく、それ以上に資金効率を上げて資金を増やすことを優先に考えたほうがよいでしょう。

Q. トレードで負けたときなど、気分が落ち込んだときの対処法はありますか

Answer

トレードで負けて気分が落ち込んでしまった場合は、数日間マーケットから離れるというのも効果的だと思います。

トレードとはまったく違うことを経験したり、身体を動かしたりするのがいいかもしれません。

トレードの世界には、普段では考えられない大きな壁や落とし穴が存在します。上手に避けて通れればいいのでしょうが、ぶち当たると大きな痛手を被るケースも多々あります。そんなときは、少し離れてみるのがよいでしょう。

またトレードで大きく勝ったときも少し休むようにしています。大きく勝つと気が大きくなり、いい加減なトレードをしてしまい、せっかく増やした資金を失うはめになってしまうことがあるからです。

PART 5
いつエントリーするか？ 売買のタイミング

35 「買い」エントリーのタイミング

銘柄よりも重要なタイミング

トレードで大切なのは「銘柄」よりも「タイミング」です。**どんなによい銘柄を選んでもタイミングが悪ければ利益は出ません。**逆に、タイミングが悪ければ損をしてしまいます。

エントリー方法はチャートパターンによって変わりますが、ここではわたしのスイングトレードの基本的な方法を説明します。

左ページの図を見てください。上昇トレンドになっていますが、①から③にかけて下落し、④以降反発して上昇しています。

④で反発したからこそ、③の安値で下値支持線を引けることになり、結果的に下値支持線で下げ止まったように見えるのです。

ここがポイントです。**下値支持線で下げ止まったのではなく、下げ止まったことが④で確認できたからこそ、下値支持線を引けるのです。**

ちょっと混乱してしまいますよね。

でも、大丈夫です。左ページの図を元にエントリーのタイミングを見ていきます。

買いのタイミングを見極める

この図は上昇トレンドなので「買い」のエントリーとなります。

エントリーのタイミングは、左図の「**④の日に下値支持線で反発したことを確認し、翌営業日に前営業日(④)の高値を超えてきたところ(⑤)**」です。

タイミングはトレードにおいて本当に重要なので、左ページで、一つひとつ順番に説明していきます。

「買い」のエントリーのタイミング

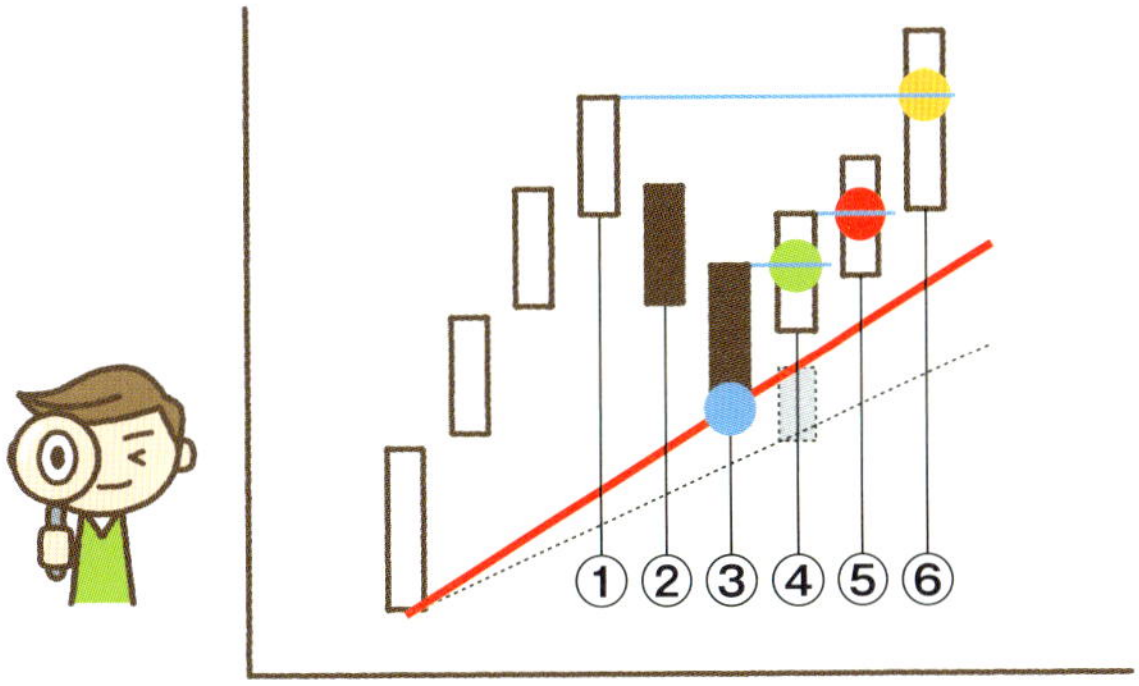

●買っていい度0…ここで下げ止まるかわからない

ここで買ってはだめ。下値支持線上とはいえ、ここで下げ止まるかは後になってみないとわからない。**④の点線ローソク足のように翌日、底抜けていく可能性もあるので**、ここで待ちぶせ指値買いはしない。

相場格言でいう「落ちるナイフを掴む」ことになる。より安く買おうとしてケガをするという意味。

●買っていい度2…④の終値が③の安値を割り込むことも

ここでもまだ我慢が吉。買ってもいいがリスクが比較的大きいことを意識する。なぜなら、この日は前日（③）の高値を超えているが、**④の終値が前日③の安値を割り込むかどうかは終わってみないとわからない**。

もし③の安値を割り込んで下落してしまった場合、下値支持線を点線のように引き直す必要がある。だが、●よりは反発の兆しを確認しているということで評価2。

●買っていい度4…④で反発していることがわかる

④の日が終わった段階で③よりも安値が切り上がっていることを確認できるため、③が安値だったことがわかる（④の日の日中ではまだ不確定）。ここでやっと「反発を確認した状態」となる。
④の日が終わったところで反発を確認。その翌日（⑤）以降に④の高値を超えてきたタイミングで買いエントリー。
反発をきちんと確認してからのエントリーなので評価4。

●買っていい度3…直近の高値超えエントリー

反発は確認できている状態。さらに上昇が加速する節目になり得る①の高値を超えたタイミングでの買いエントリー。

いわゆる教科書どおりの高値超えエントリー。

ただ、**●よりもエントリーが遅いため**、上昇が加速しなかったときのリスクが●よりも大きいので、評価は4に近い3。


最初は「えっ、こんなところで買うの」と不安かもしれませんがそこで買うのです

「空売り」エントリーのタイミング

「買い」よりも重要な「空売り」のタイミング

エントリーのタイミングは買いのときよりもむしろ、売りエントリー（空売り）のほうがより重要といえます。なぜなら、株価の動きというのは上昇よりも下落のほうが圧倒的に早いからです。とはいえ、基本的な考え方は買いの場合と同じです。

左図の「**④の日に上値抵抗線で反落したことを確認し、翌営業日に前営業日（④）の安値を割り込んできたところ（⑤）**」です。

注意すべきポイントは「注文するとき」です。なぜなら一気に下落することが多いため、注文時に約定（売買が成立）しない恐れがあるからです。**買いの場合と比べて約定しにくいことを頭に入れておいてください。**

空売りのタイミングを見極める

エントリー方法は数多くあり、チャートパターンによっても変わりますが、ここでは基本的な方法を説明します。

左ページの図を見てください。

下降トレンドになっていますが、①から③にかけて反発し、④以降反落して再度下落しています。④で反落したからこそ③の高値で上値抵抗線を引けることになり、結果的に上値抵抗線で上げ止まったのです。

ここがポイントです。上値抵抗線で上げ止まったのではなく、**上げ止まったことが④で確認できたからこそ上値抵抗線が引けるのです。**

またまたちょっと難しいですよね。左ページで一つひとつ順番に説明していきます。

「空売り」のエントリーのタイミング

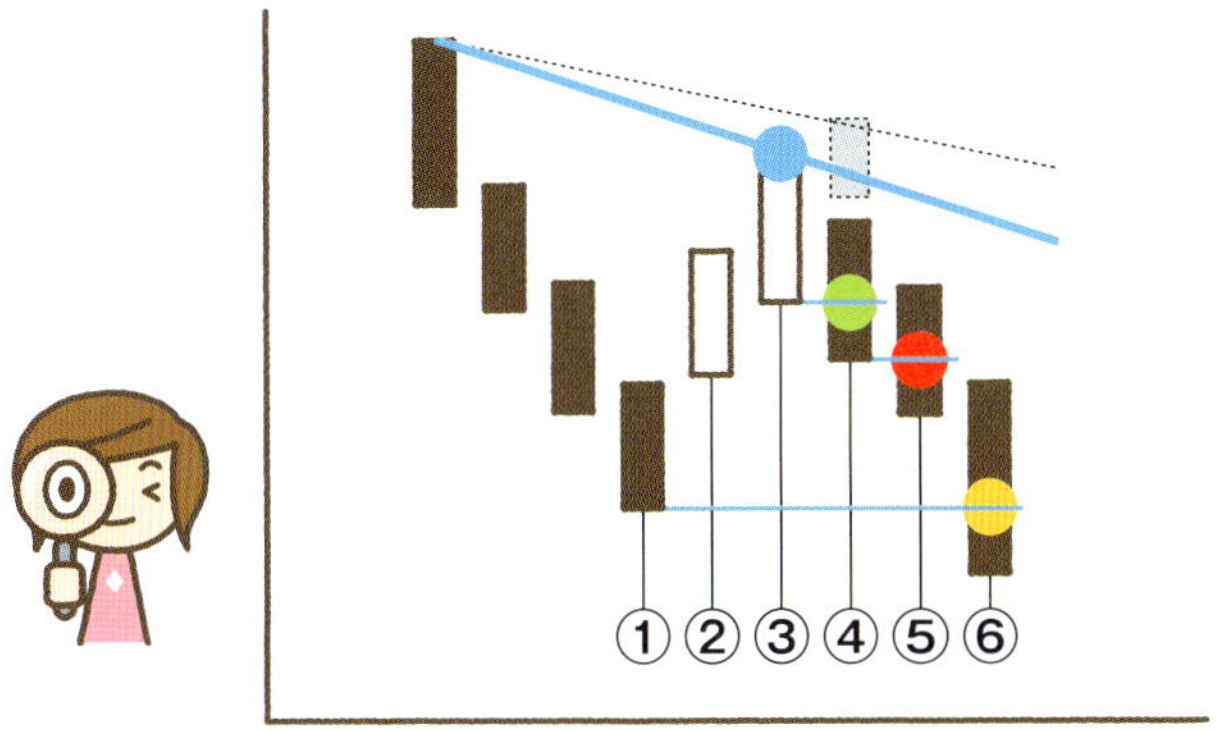

● **空売りしていい度0**…ここで上げ止まるかわからない

上値抵抗線上とはいえ、ここで上げ止まるかは後になってみないとわからない。**④の点線ローソク足のように、翌日さらに上昇していく可能性もあるので**、ここで待ちぶせ空売りはしない。ここから一気に踏み上げられるリスクもある。

● **空売りしていい度2**…④の終値が③の高値を超えることも

ここでもまだ我慢が吉。空売りしてもよいが、リスクが比較的大きいことを意識する。なぜなら、この日は前日（③）の安値を割り込んではいるが、**④の終値が前日③の高値を超えるかどうかは終わってみないとわからない**。

もし③の高値を超えて上昇していってしまった場合、点線の上値抵抗線のように引き直す必要もでてくる。だが、●よりは反落の兆しを確認しているということで評価2。

● **空売りしていい度4**…④で反落していることがわかる

④の日が終わった段階で③よりも高値が切り下がっていることを確認できるため、③が高値だったことがわかる（④の日の日中ではまだ不確定）。ここでやっと「反落を確認した状態」となる。その翌日（⑤）以降に④の安値を割り込んできたタイミングでエントリー。
反落をきちんと確認してからのエントリーなので評価4。

● **空売りしていい度3**…直近の下値ブレイクエントリー

反落は確認できている状態。さらに下落が加速する節目になり得る①の安値を割り込んだタイミングでのエントリー。いわゆる教科書どおりの下値ブレイクエントリー。

ただ、**●よりもエントリーが遅いため**、下落が加速しなかったときのリスクが●よりも大きいので、評価は4に近い3。


「空売り」は「買い」に比べて早く利益確定できることが多いです

37 あわててエントリーしない

欲やあせりは禁物！余裕が大切

チャートで集団心理を分析し、上昇・下落のパターンをイメージしてエントリーするのですが、**だからといって、下値支持線や上値抵抗線で待ち伏せて、エントリーしてはいけません。**

きちんと「下値支持線ではね返されて反発した」「上値抵抗線にはね返されて下落した」のを確かめてから行動してください。

悪い例として、たとえば「下値支持線まで落ちてきたら反発するはずだから、落ちたところで買ってしまおう」と、少しでも安く買おうと欲をかいて、あせってエントリーしてしまうことがあります。

エントリーできなかったら別の銘柄にする

また、エントリーに失敗したら別の銘柄に替えるなど、気持ちの切り替えも大切です。

チャートの有効期間は1日のみ。つまりチャンスは前営業日の高値を超えた（安値を下回った）1回だけです。

反発を確認してからエントリーするのです。

もしそのチャンスを逃したら「追いかけず」、別の銘柄を探しましょう。

もちろん、高値を超えたら買おうと思っていたけれど、「高値を超えもしないし安値も割らない」場合もあります。

この場合は再度チャートを見直して、その翌日以降に高値を超えてきたら買いエントリーしてもいいのです。高値を超えていないのでチャンスは継続します。「前々営業日の高値を超えてきたらエントリー」となります。

エントリーするチャンスは1回のみ！

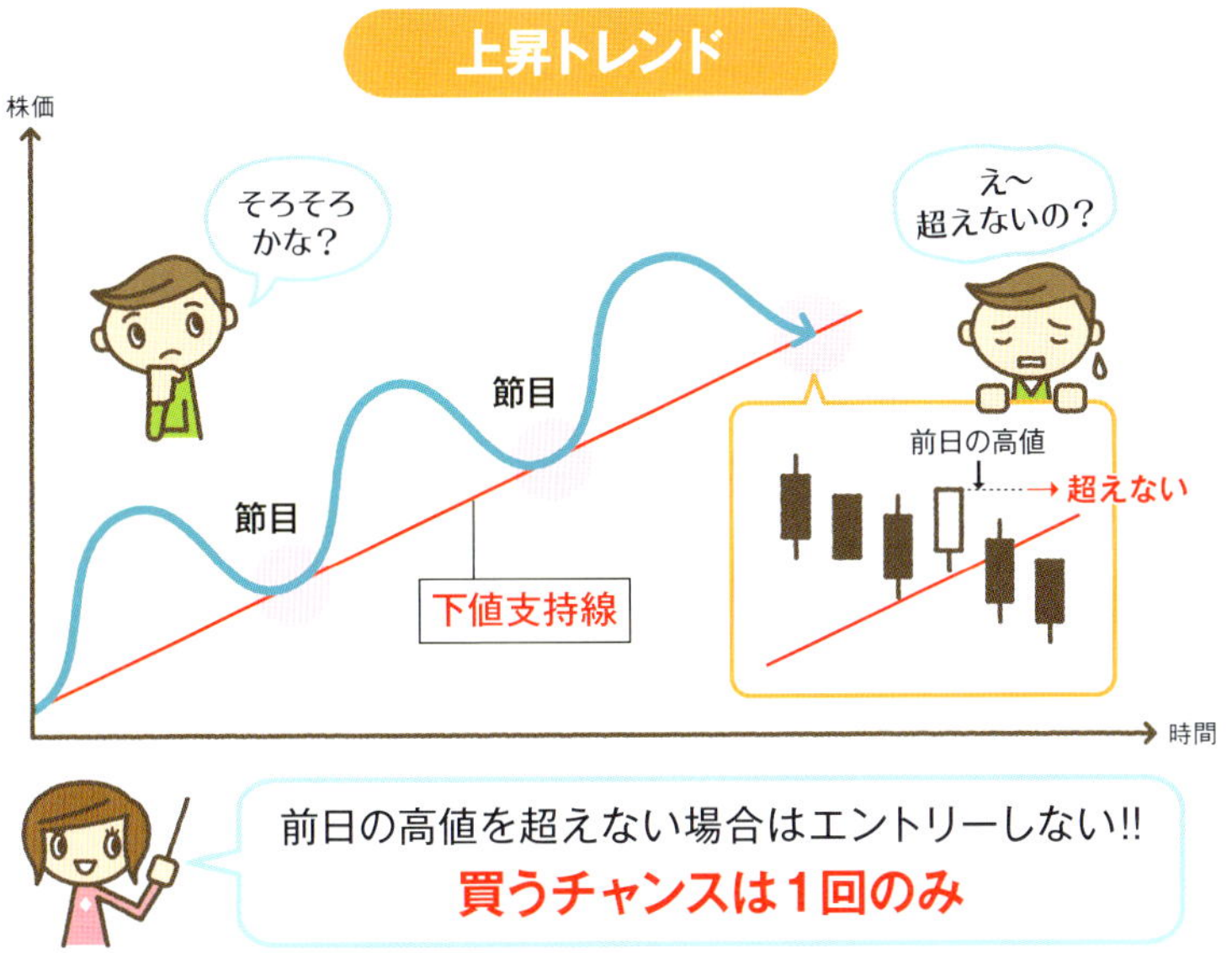

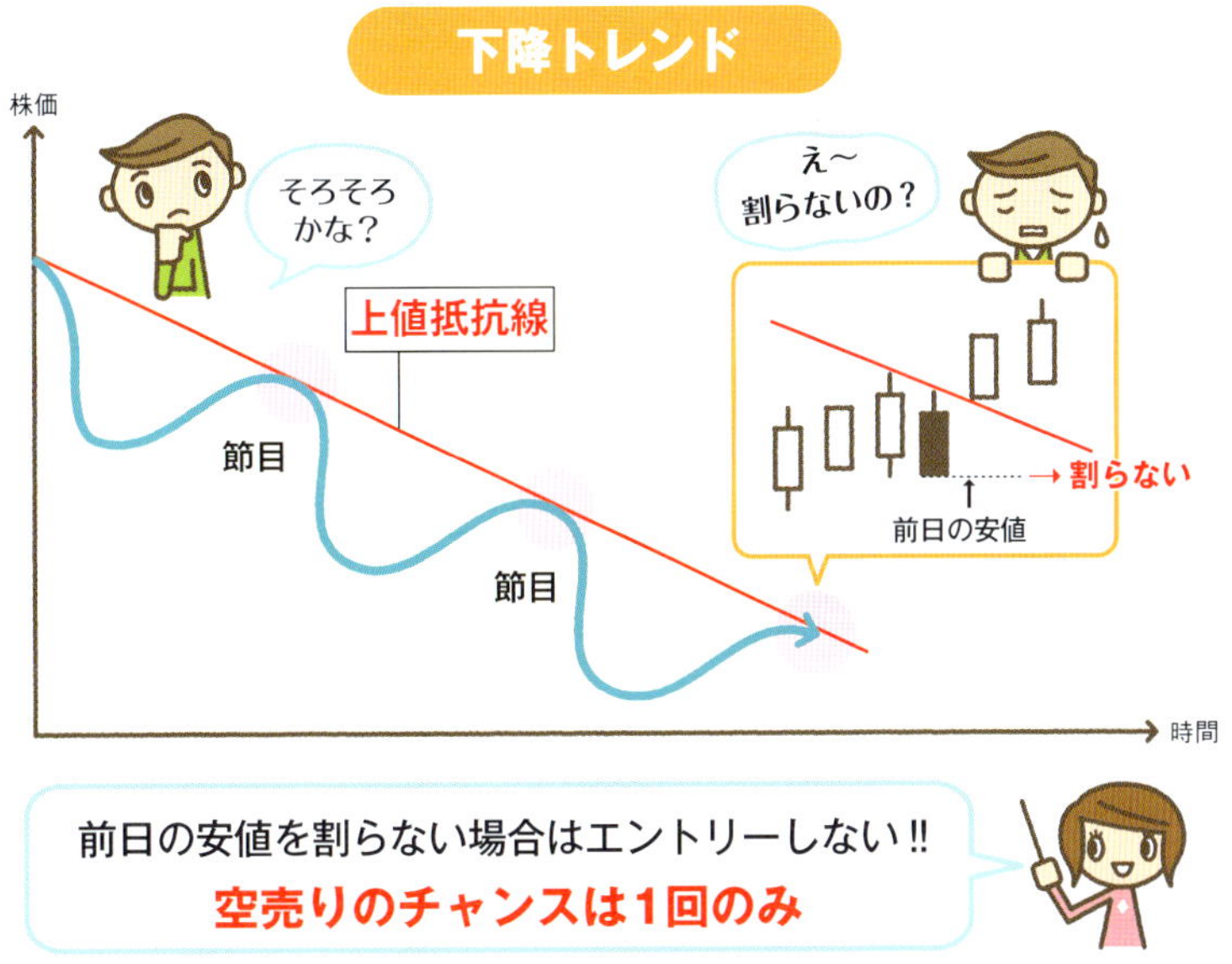

UP チャンスはいくらでもある。エントリーできなくても気にしないこと

上昇相場の三角持ち合いは「買い」

三角持ち合いから放れた株価は大きく動きやすい

三角持ち合いとは、チャートの形が「三角」になるものです。

これがあらわれたのが上昇相場か下落相場かで、トレードのやり方が変わってきます。

持ち合いという名のとおり、株価が「持ち合い状態」になります。株価の動きが徐々に縮小し、その過程でエネルギーが蓄積されていく状態です。

よって**三角持ち合いから上放《うわっぱな》れ、あるいは下放《したっぱな》れする場合、株価は大きく動くことが多いのです。**

短期の上値抵抗線を超えたときも「買い」

上昇相場での三角持ち合いとは、**下値支持線が引かれている場面で、比較的短期の上値抵抗線が引ける状態**の局面です。

典型的な上昇相場には、複数の「三角持ち合い」が出てきます。

ここでも大切なのは、やはり「**トレンドに逆らわない**」こと。

上昇相場では下値支持線にはね返された銘柄を「買い」でエントリーします。つまり、三角の頂点に近づいている部分で、下値支持線にはね返された瞬間をねらって買うのです。

この場合、**短期の上値抵抗線を超えていったときにも買いです。**

反発のローソク足を確認しなくても、そのローソク足が短い上値抵抗線を超えればエントリーしてよいのです。ちなみに、エントリー後のロスカットや利益確定ルールはこれまでと同じです。

三角持ち合いは1週間以内の短いものから1か月～3か月にもおよぶ長いものまで、わりと頻繁にあらわれます。

三角持ち合い後は株価が大きく動きやすい

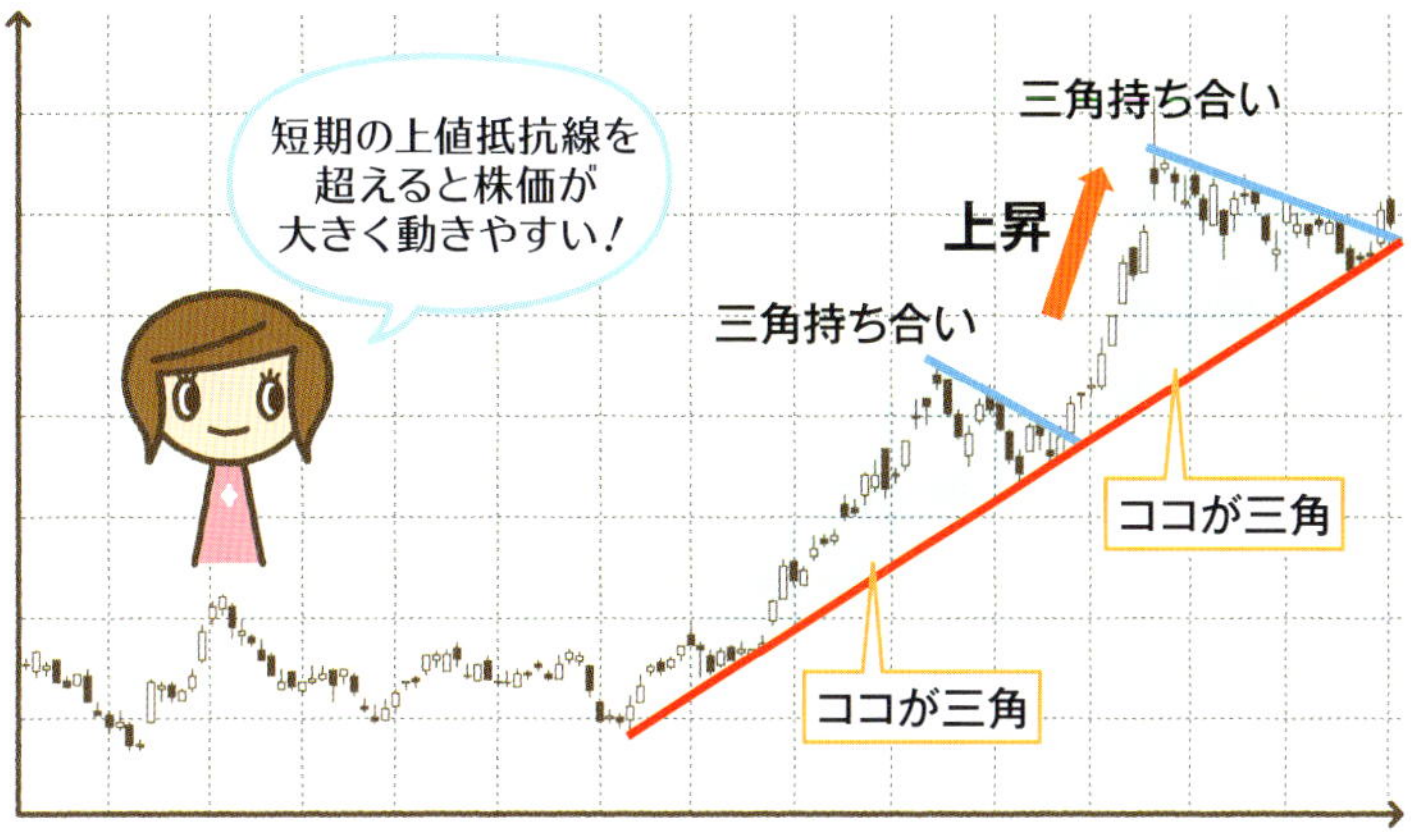

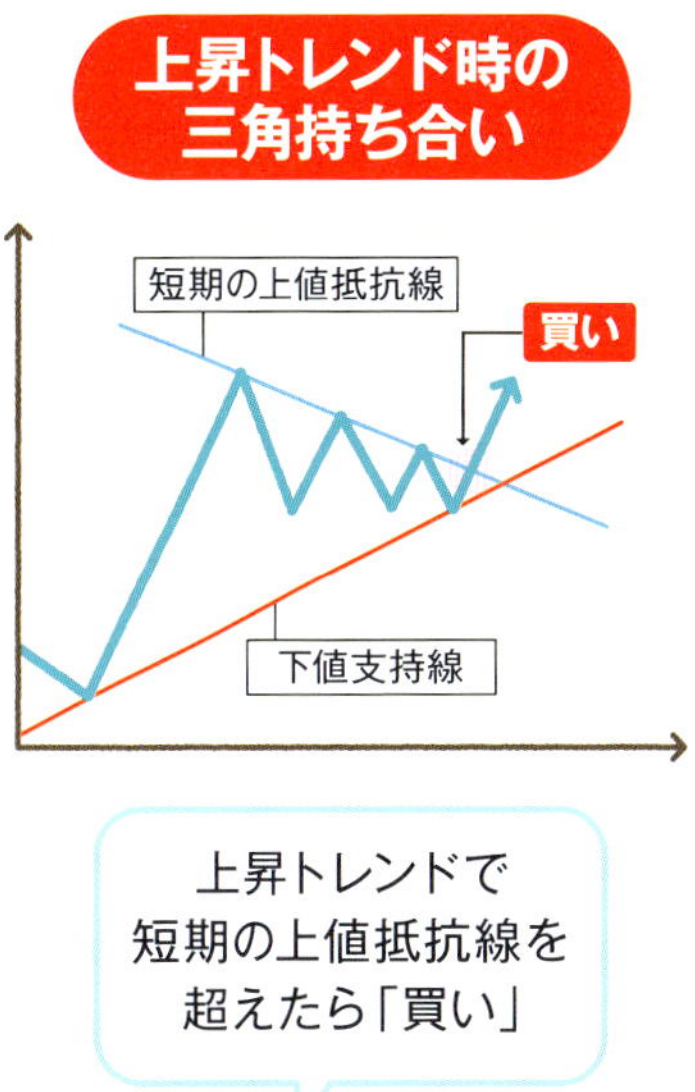

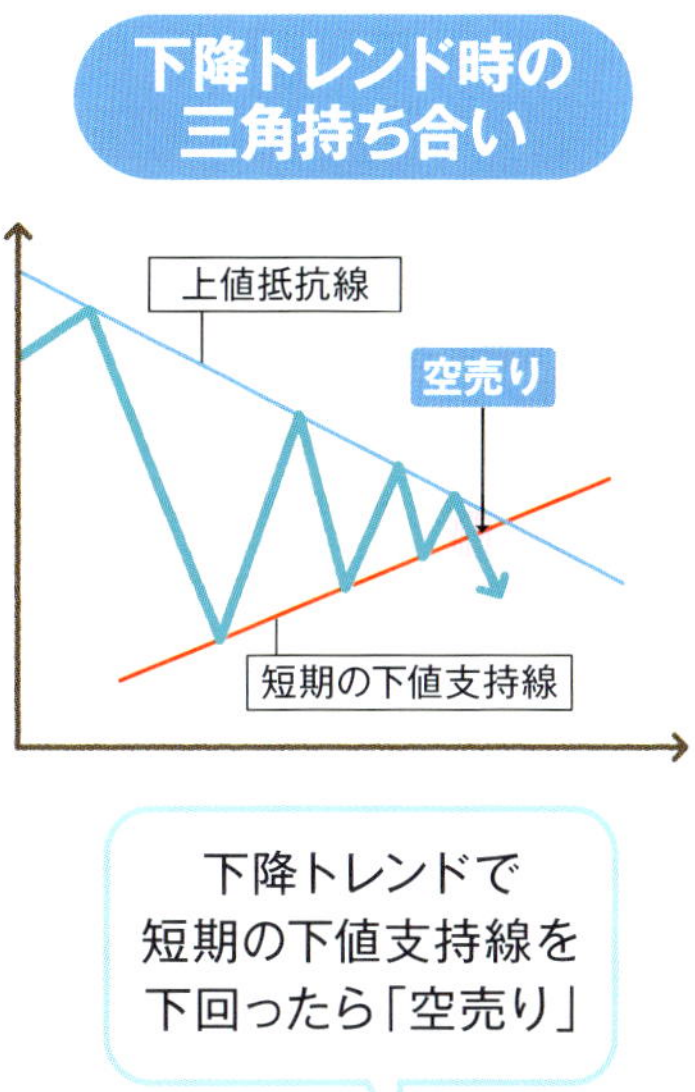

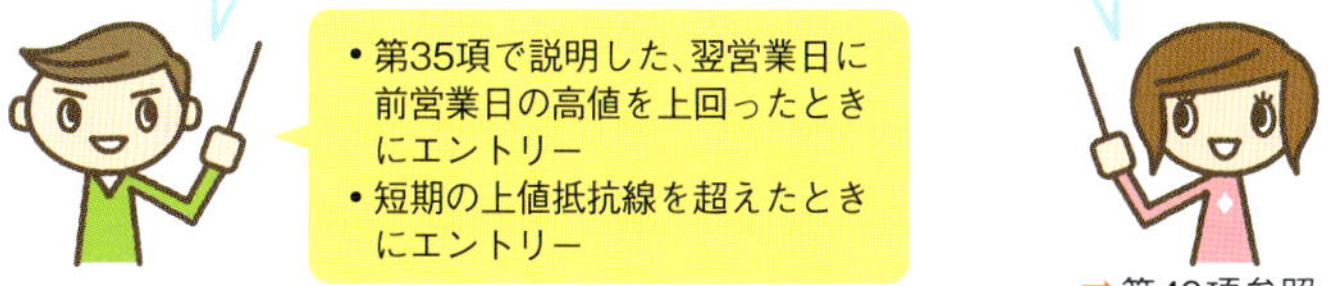

➡第40項参照

たくさんのチャートを見て、共通点を探してみよう

三角持ち合いでも期間は様ざま

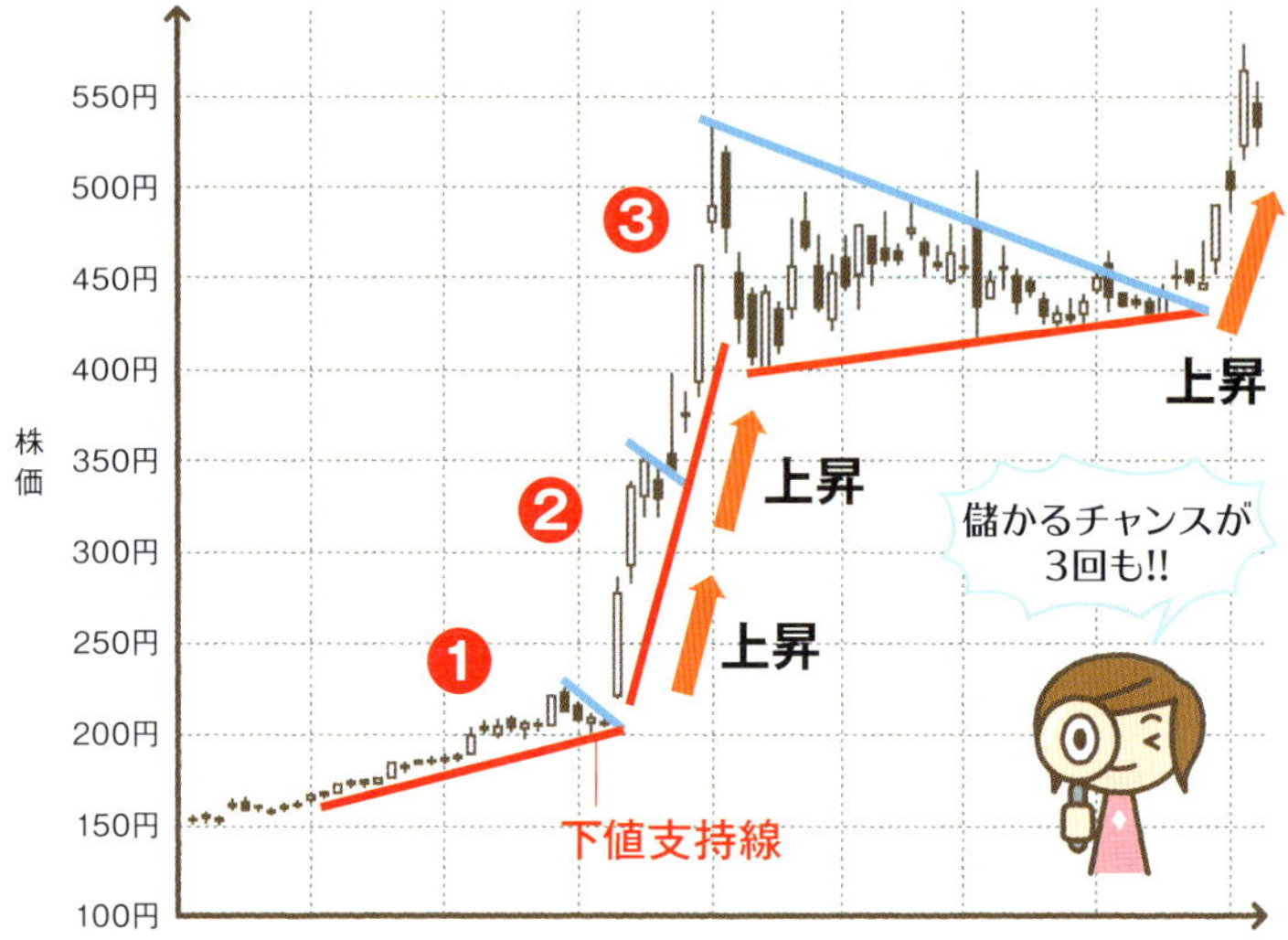

株価のもみ合いに大チャンスあり

短い三角持ち合いから長い三角持ち合いまで
上昇トレンド中に何度も出現する

上値抵抗線が引けるところが上昇相場での三角持ち合い

上のチャートは上昇中の銘柄が3回三角持ち合いを形成し、そのたびに収益チャンスがあるのがわかるものです。

最も典型的なのは③です。**三角の頂点の株価の攻防が、エントリーの大チャンスになっています。**

下値支持線にはね返されて、さらに翌日、前日の高値を超えたので「買い」でエントリー。その後株価は大きく上がりました。

同様に①②も瞬間的なものではありますが、下値支持線にはね返されて、その翌日に高値を超えて「買い」のチャンスになっています。

トレンドに逆らうのはNG

上昇トレンド

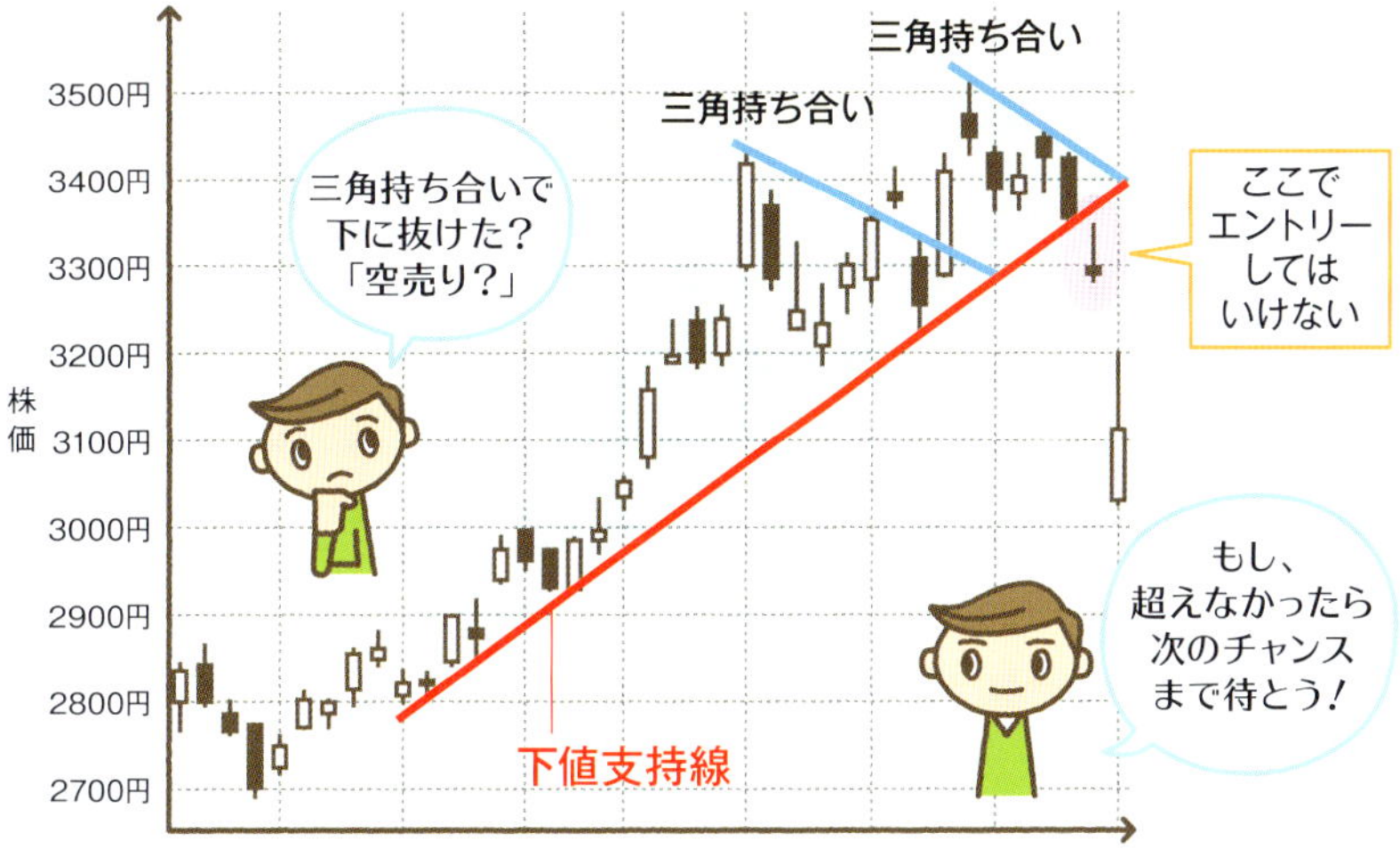

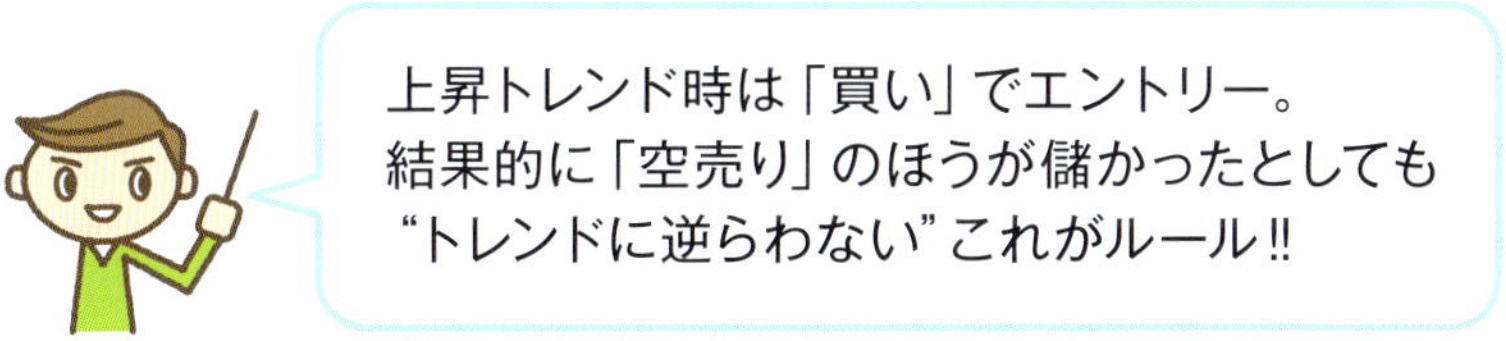

トレンドに逆らって動いたらエントリーしない

三角持ち合いをねらったトレードでも、重要なのは**トレンドに逆らわないこと。**あくまでも上昇局面では「買い」でエントリーしていきます。

三角持ち合いの場面でも、抜けた後に株価がどちらに動くかはわかりません。

このときトレンドに逆らって動いた場合は、いっさいエントリーしません。**かならず反発したことを確認してからエントリーしてください。**上昇局面の三角持ち合いでも、株価が下がっていくこともあるのです。

39 Wトップで「空売り」！

上昇トレンドからの転換 Wトップでの「空売り」

Wトップとは、上昇トレンドの中で株価の動きが「W」の形になるものです。実際は「W」を逆にした「M」の形になります。

一度つけた高値から下がったものの、下げ止まって再度、高値を目指し、左側のトップと同じ程度まで回復し、でも上げきれずに再び下落していくパターンです。

よりよい形は**左側（最初）のトップが右側よりも高い状態**です。

右側が左側の高値を超えられないのは、市場参加者には「**もう上昇相場は終わったかもしれない**」という不安材料になるわけです。

多くの参加者が「上昇から下降に転じるのか……」と考え出すと、先んじて売る人たちが現れ、それに多くが追従し、結果的に株価の下落スピードが増していきます。

トレンドが崩れるとわかるのは安値を割り込んだとき

「空売り」のエントリーのタイミングは、**二度目のトップから大きく下げてきて、Mの文字の〝へこみ〟の部分（一度反発したところの安値）を割り込んだところ**です。

ポイントは、ブレイクした日の株価が前日の安値を下回ったらすぐにエントリーすることです。

ただし、この時点ではまだその日のローソク足が確定していません。なので、その日のうちに反発してしまう恐れもあります。

これまでは反発を確認してからだったのに、この場合はなぜ、**その日のうちにエントリーするのか。**

それは下落の場合、より多くの市場参加者が注目しているため、割り込んだ瞬間に大きく下落してしまうことがよくあるからです。

Wトップのエントリーはすばやく!!

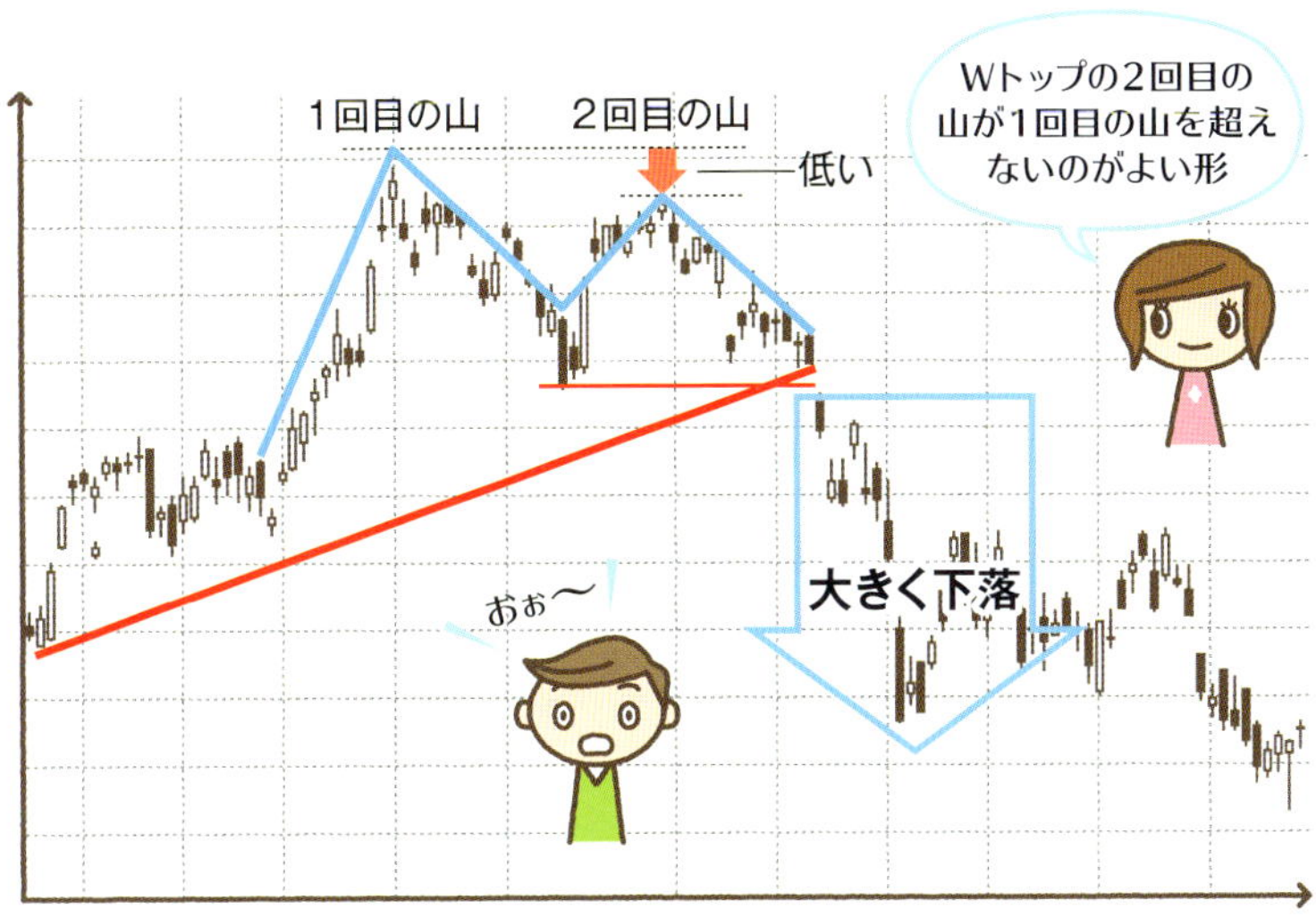

エントリーはどのタイミングで行う?

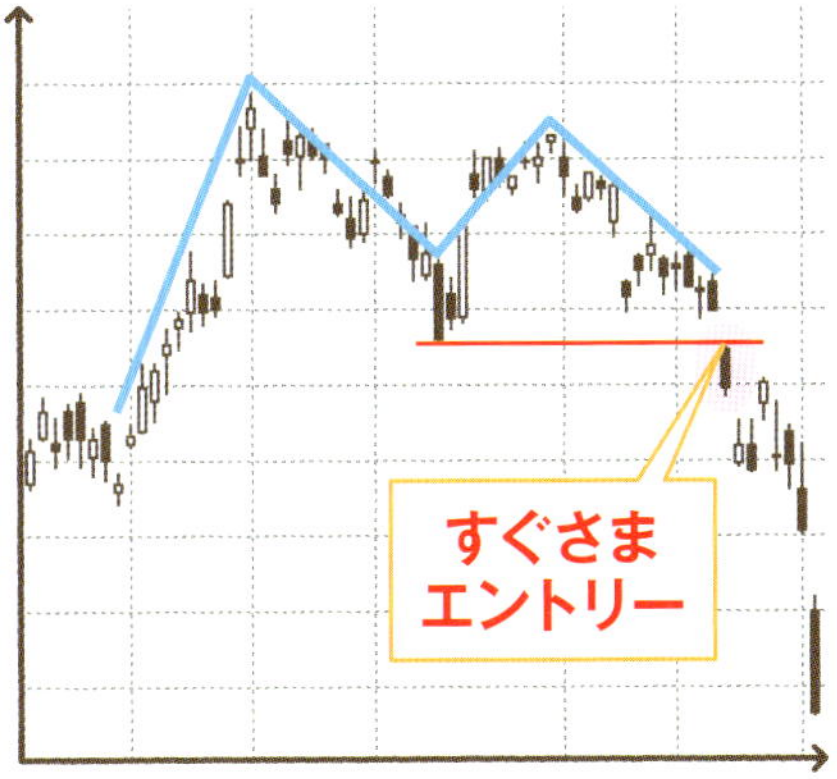

下落が速いので確認に1日費やすと遅すぎることも。だから早めのエントリー

ただしロスカットも徹底して!!

ポイント1

Mの字の中央の低い部分の安値を割り込む

ポイント2

ポイント1を確認したらすぐさまエントリー

よし!

みんなが売りたい場所
大きく下落しやすい

上昇トレンドが下降に転じたチャートを沢山見て、隠れたWトップを見つけてみよう

Wトップの形はいろいろ

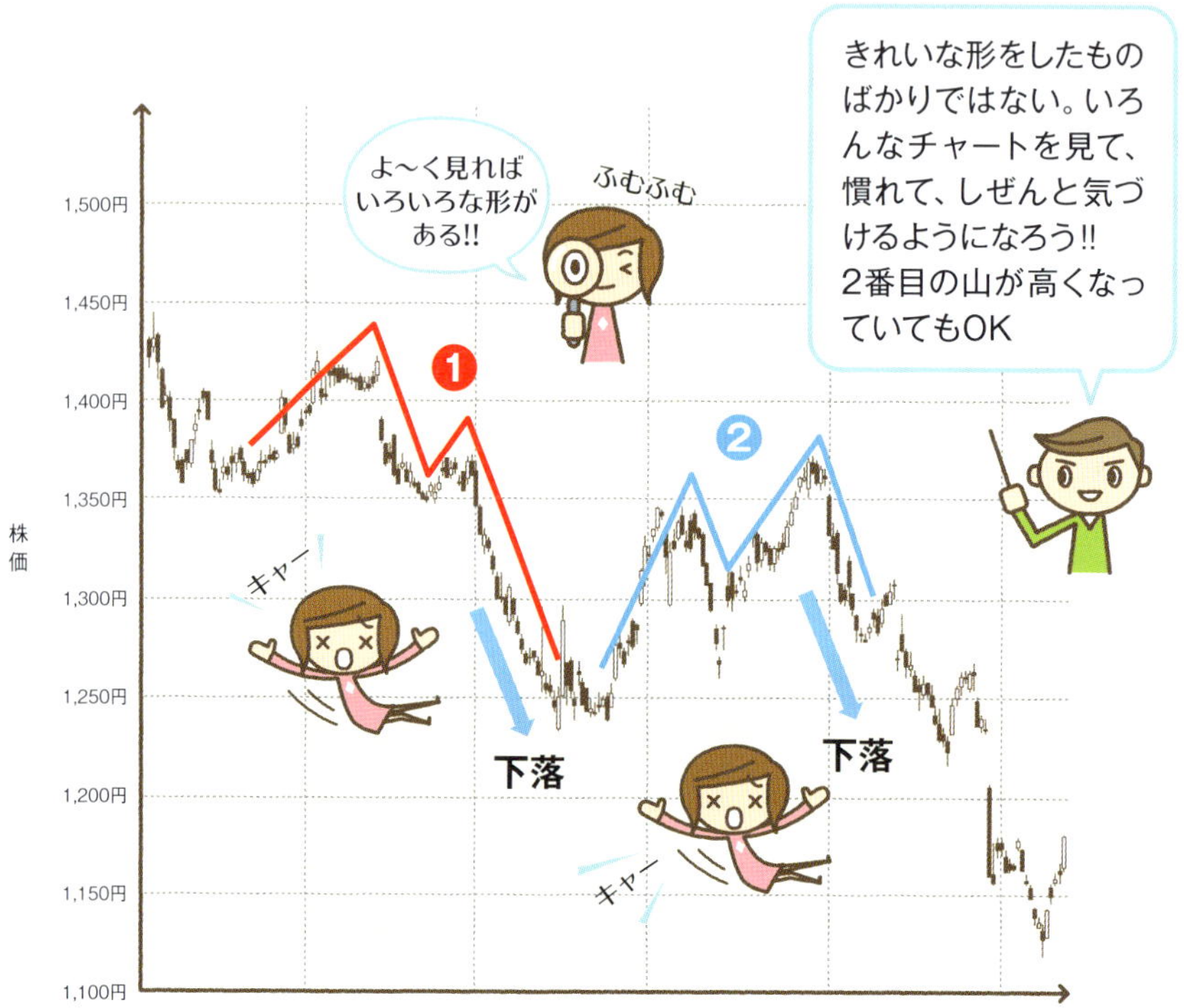

典型的なWトップばかりとはかぎらない

トレードの世界には**「ベストはなく、グッドかベター」**という言葉があります。

完璧なトレードなどできないのです。できることは昨日より今日、今日より明日と、よりよいトレードを積み重ねていくことです。

とはいえ、**銘柄選びやエントリーにはできるかぎりベストを尽くす必要があります。**

前ページのような典型的なWトップはそうそうありません。ただ、これらに近いものを見つけ、くり返しトレードしていくと、いつか「これは典型的なWトップだ」というチャンスに出会えます。

短期間でできるものもある

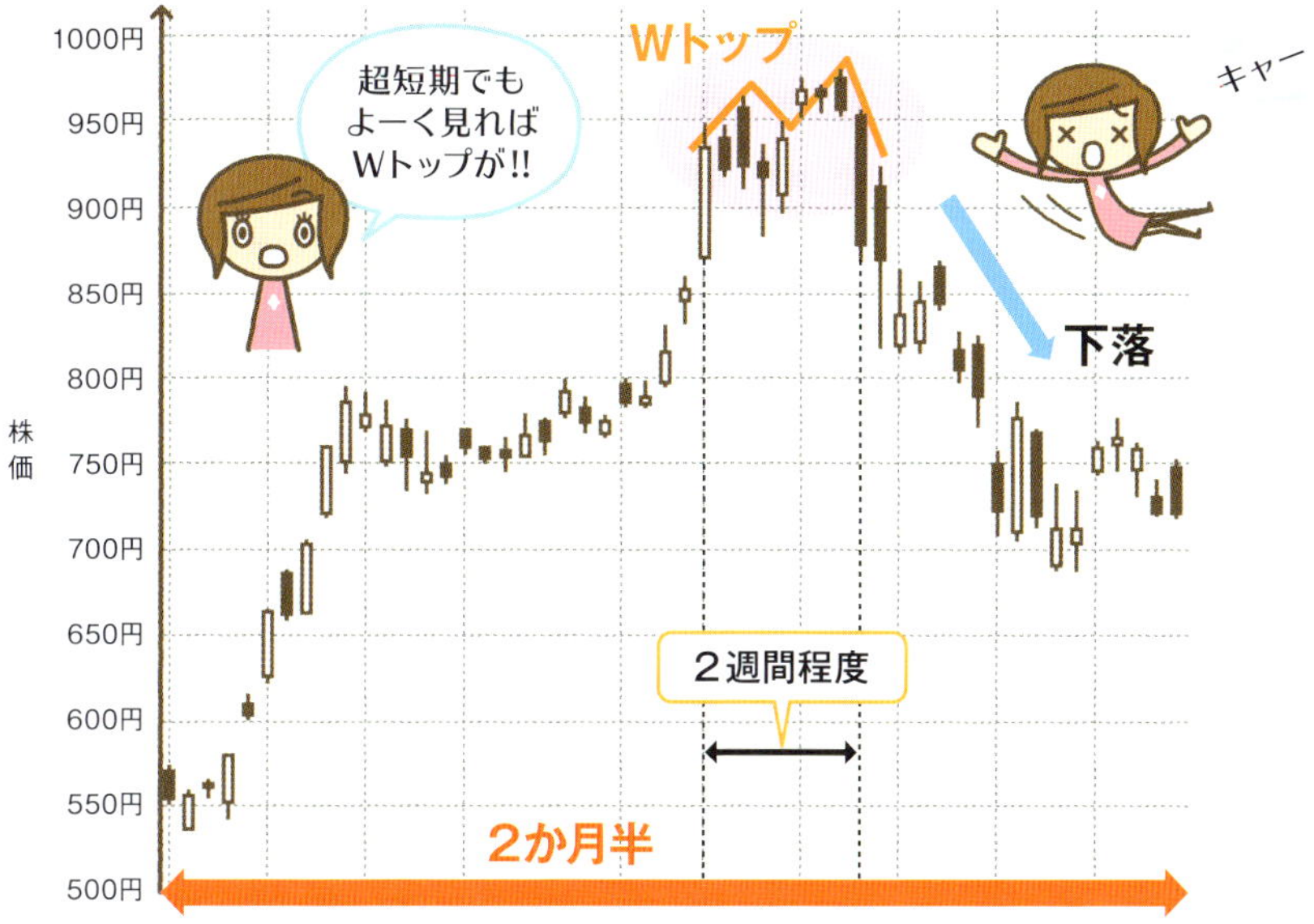

ある程度の慣れは必要かもしれないが、
市場参加者の思惑をあらわすサインを
見逃さず、トレードに生かそう!!

超短期なWトップでも収益をねらう!

Wトップは1か月〜3か月ぐらいで形成されることが多いのですが、そうでない場合もあります。たとえば上のチャートは**2週間程度で形成されたWトップ**です。

こうしたWトップは大きなWトップの陰で見逃しがちですが、銘柄選びをきちんと行っていれば見つけられます。

集団の心理や思惑が複雑におり重なってできるチャートに、同じものなどあり得ないのです。

典型的なチャートが見つからなくても、**チャンスはたくさんある**と覚えておいてください。

40 下落相場の三角持ち合いで「空売り」

「反発」を期待した参加者の失望がふくらむ

下落相場での三角持ち合いは、「空売り」でエントリーします。**長期間の上値抵抗線が引かれているチャートに「比較的短期の下値支持線」を引いたものです。**

下がっていた株価が一時的に横ばい、もしくは上昇に転じ、短期の下値支持線があらわれるのです。

きれいな三角になるとはかぎりませんが、長期の上値抵抗線にはね返されて、さらに短期の下値支持線を突破したポイント、すなわち三角の頂点（もしくは頂点付近）に注目します。

この部分の市場参加者の心理は「そろそろトレンドが変化して上昇すると期待したのに裏切られた」という**失望感が大きくなっている場面**と考えていいでしょう。

いわば、下落方向への力が大きく働くということです。多くの市場参加者がもうダメだと思って売るため、**株価はより大きく下がります。**

つまり、このポイントで空売りをすれば、より大きな収益が期待できます。

下値支持線を下放れした日に空売りエントリー

三角持ち合いを下にブレイクした場合、Wトップのときと同様、**割り込んだその日のうちにエントリーします。**

三角持ち合いの下放れブレイクはより多くの市場参加者が注目しているため、割り込んだ瞬間に大きく下落することがよくあるからです。

確認のために1日費やすのでは遅すぎることが多いので、例外的に早めのエントリーをします。

下落相場の三角持ち合い → エントリーはすばやく!!

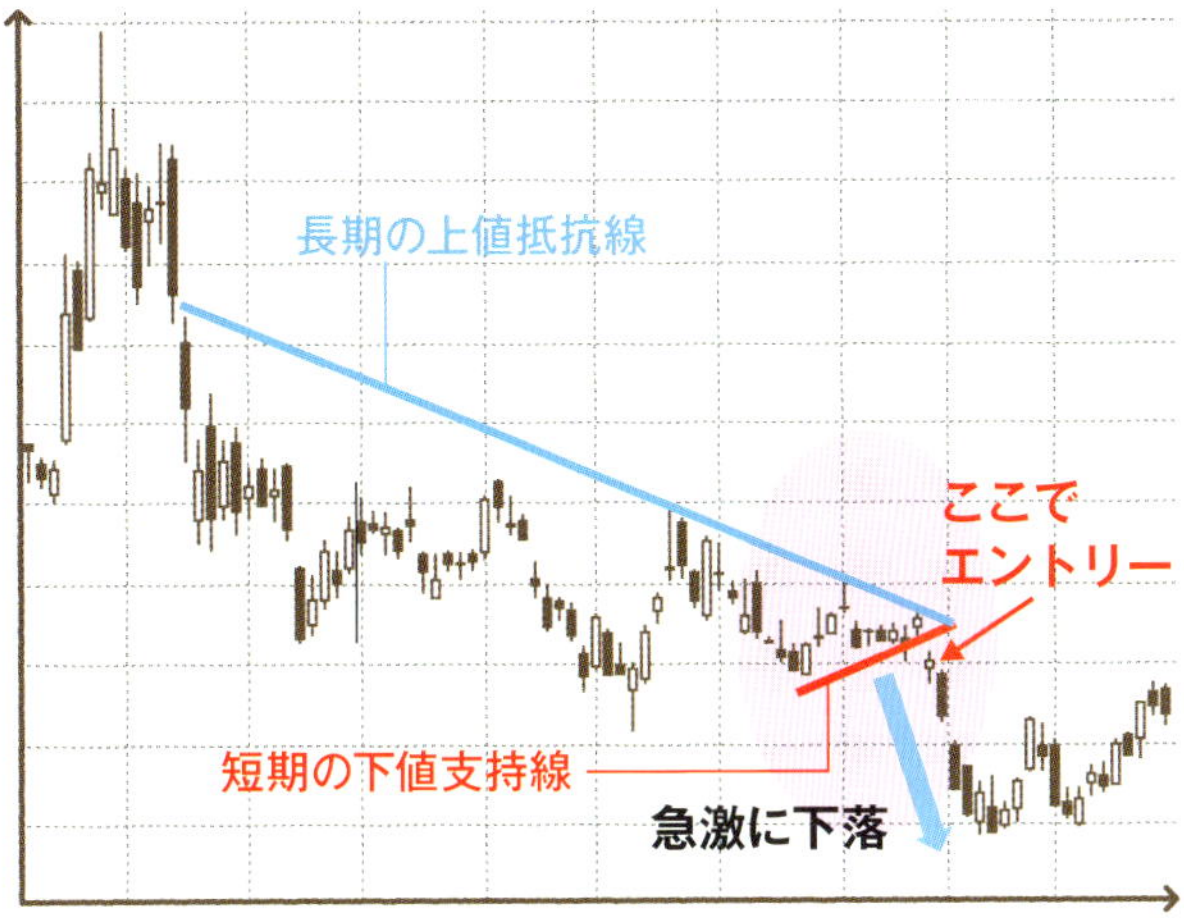

市場参加者心理は？

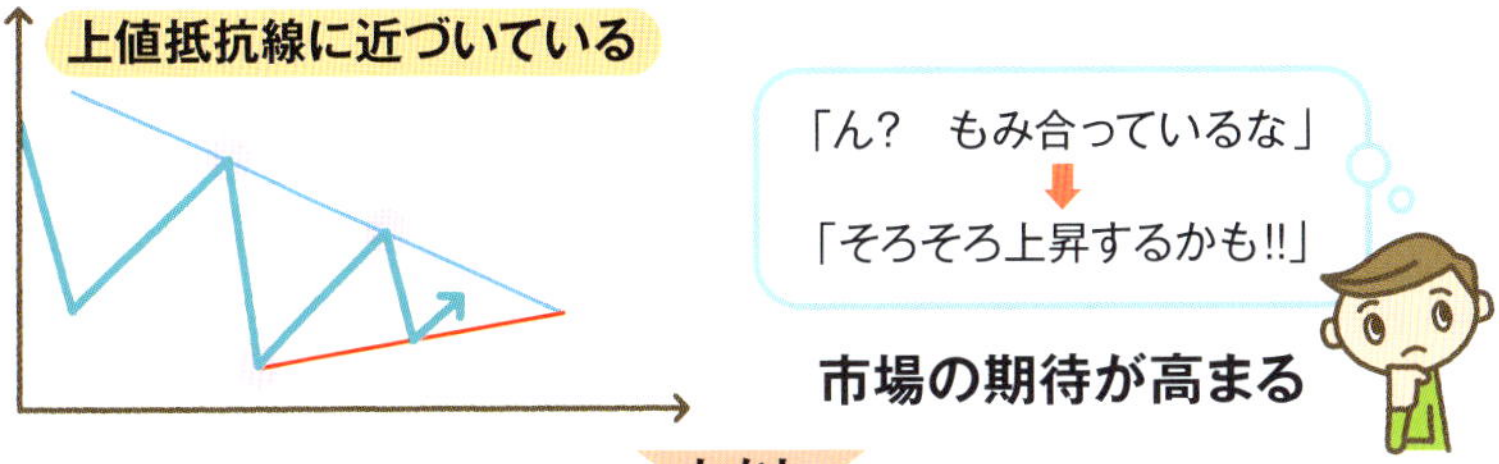

しかし

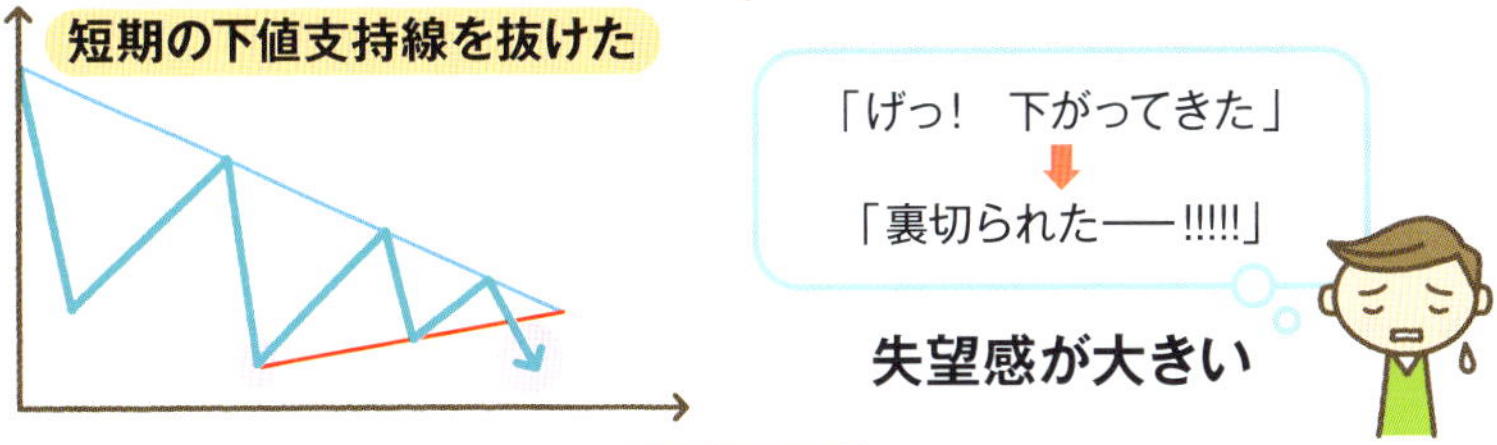

よって

下落方向に動く力が強くなる

割り込んだその日のうちに空売りをエントリー。その代わり、ロスカットを徹底する!!

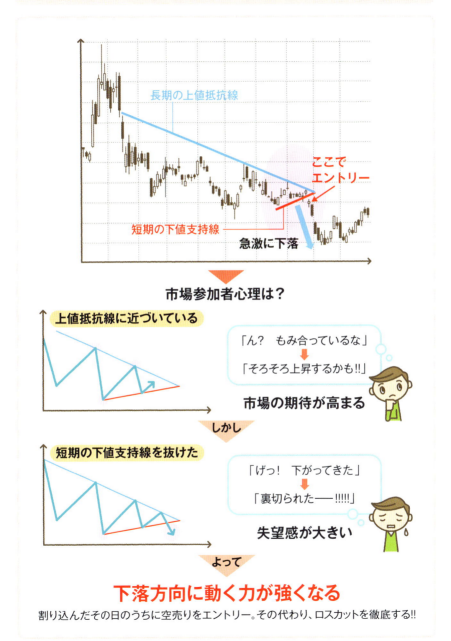

横ばい時の様ざまな三角持ち合い

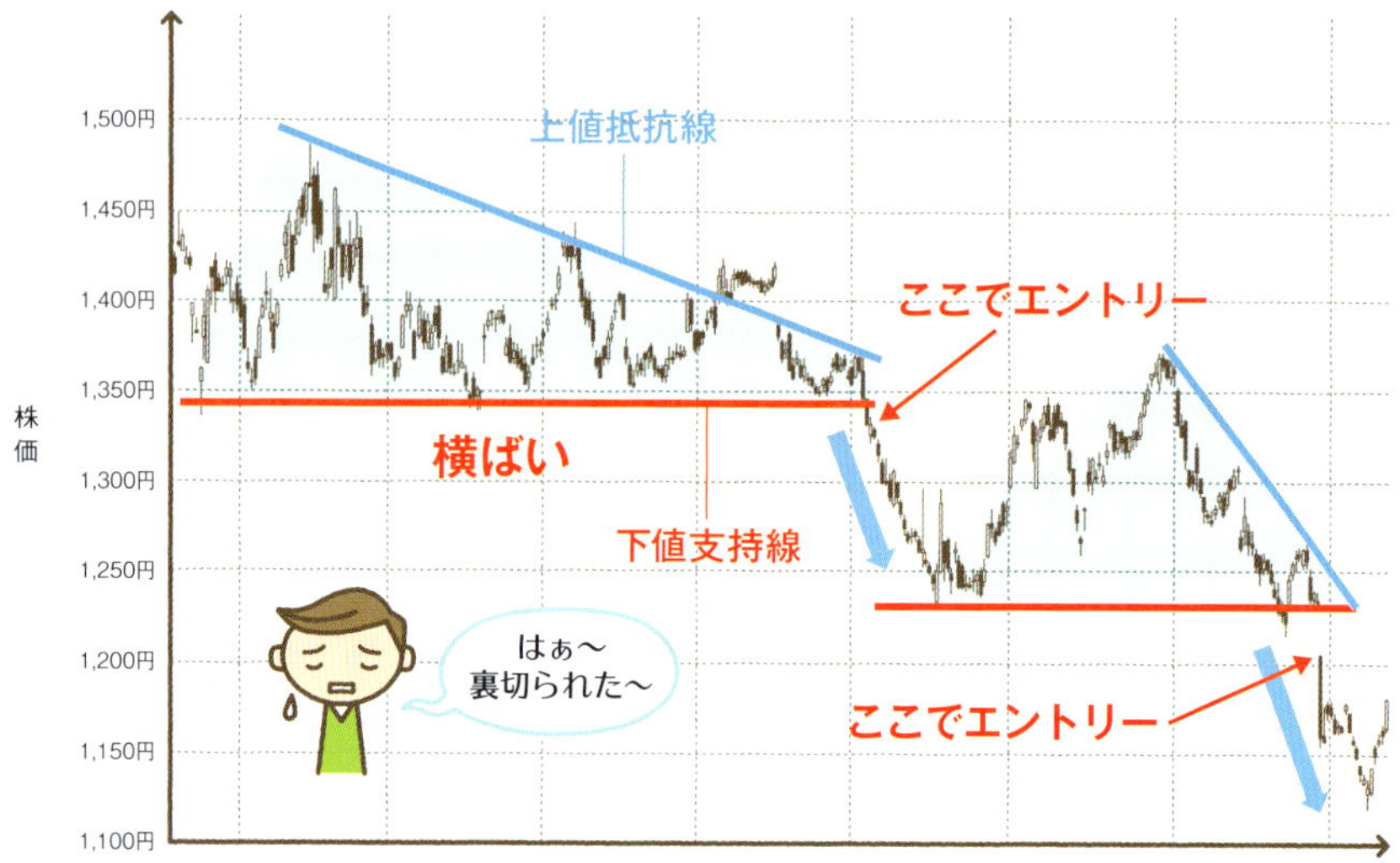

期待を裏切られた失望感で下落のスピードが速くなる。よって下値支持線を下回ったらすぐエントリー

チャンスは1回のみ

下値支持線が横ばいの三角持ち合いもチャンス

三角持ち合いには下値支持線が横ばい状態のものもあります。

また、上のチャートの三角持ち合いのように、一度大きく反発してから再び下値支持線まで下落して三角持ち合いになるといったケースもあります。

このように、きれいな三角形にならなくても、市場参加者の心理が「**トレンドが（下落から上昇へ）変化すると期待したのに、見事に裏切られた**」という失望に変わるのは同じです。左右どちらも三角持ち合い後、株価は大きく下がっています。

下落相場で出現する三角持ち合い

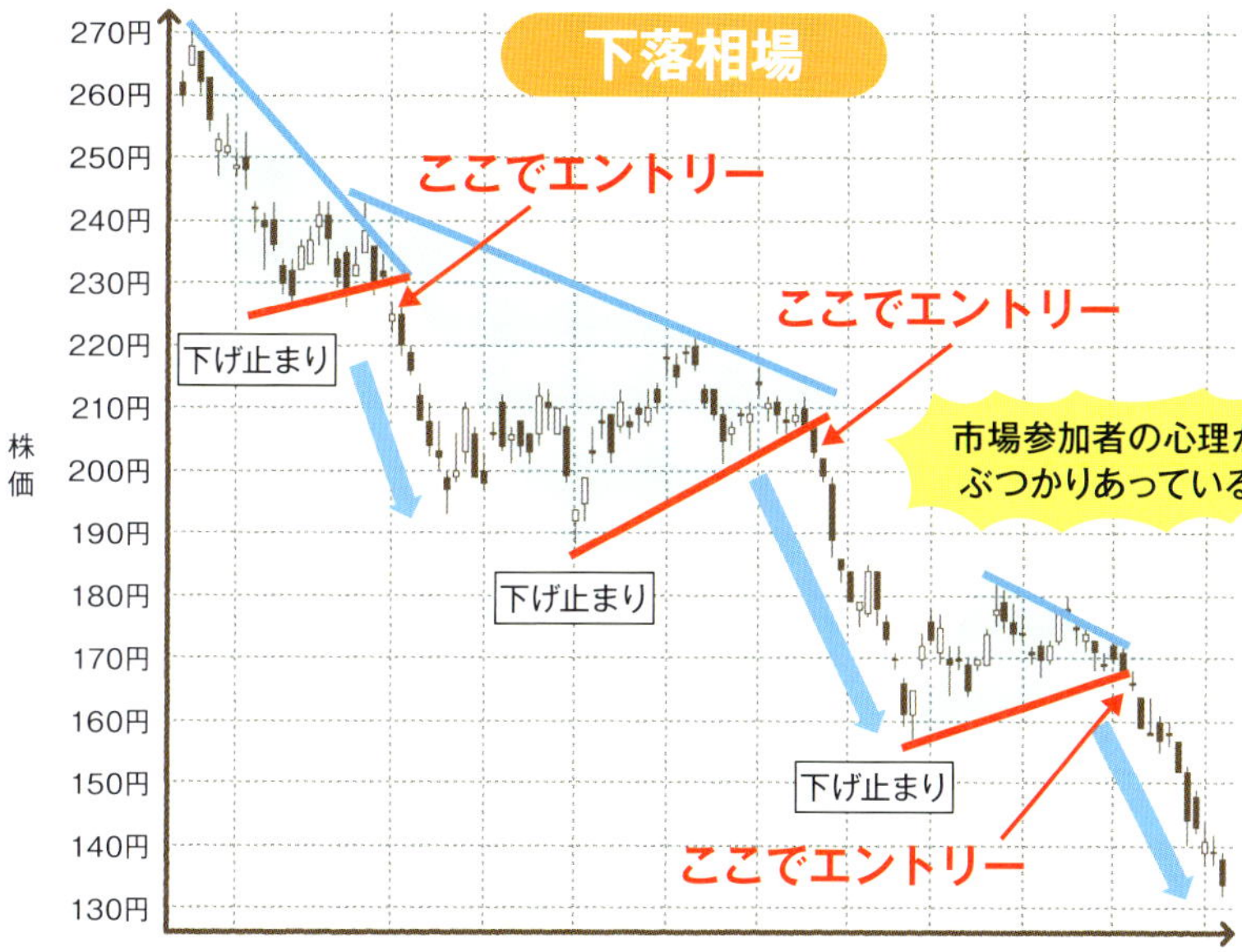

下落相場では「そろそろ上がるだろう」「もっと下がるだろう」といった市場参加者の心理がぶつかり、三角持ち合いが出現しやすい

下落相場で何度もあらわれるチャンス

三角持ち合いでエントリーするチャンスは、1回の下落相場で何度かあらわれると考えていいでしょう。

たとえばどんな下落相場でも、それまでずっと下がってきた株価は、ある程度のところで下げ止まります。その、下げ止まったところで三角持ち合いが形成されやすいのです。

それは、市場参加者の心理がぶつかり合うところでもあるのです。「下落続行」か、それとも「反転」かという、参加者の思惑が交錯するポイントともいえるのです。

Wボトムで「買い」

ここから上がる!? みんなの期待が増幅

ボトムという名のとおり、底値付近であらわれるのが「Wボトム」で、トレンドの転換を示しています。

理想形は、右側の安値が左側(最初)の安値より高い状態。

ここでの市場参加者の心理は、「『直近の安値』が『最初の安値』を抜けなかったということは、下げ止まりではないだろうか。もしそうならトレンドの転換ではないか」といった具合です。

エントリーは真ん中の高値を抜けたところ

エントリーのポイントは「W」の中央部分の高値を超えた時点になります。

「超えた日の高値」を翌営業日に抜けてから「買い」をエントリー。

ここでもトレンドの転換をきちんと確認してからエントリーするのが大切です。

ただ、Wボトムにはもう一つ、大きなポイントがあります。

「上値抵抗線が下値支持線に変わったらエントリー」するのです。

Wの中央部分を超えると多くの場合、いったん上昇した後に、一度下落していきます。なぜなら、下落から上昇に変わるには多くの場合、大きなエネルギーを必要とし、簡単にはいかないからです。

よって上値抵抗線を突破した後も、売り方がしぶとく売ってきます。そのため、いったん下落することが多いのですが、その下落がWの中央部分の延長線上で下げ止まることがあります。

ここで下げ止まりを確認し、翌営業日に高値を超えてきたらエントリーするのです。

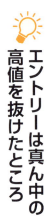

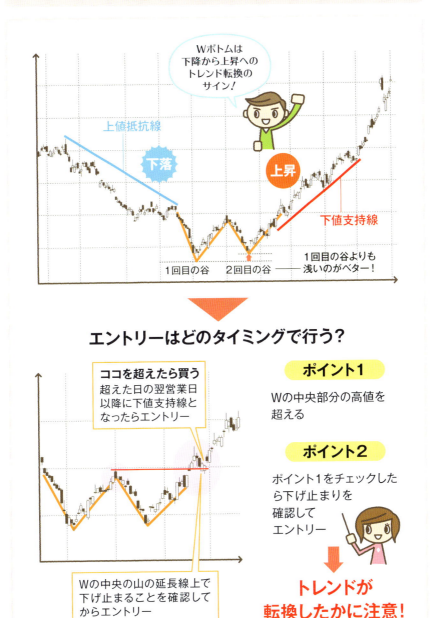

Wボトムの基本を知ろう

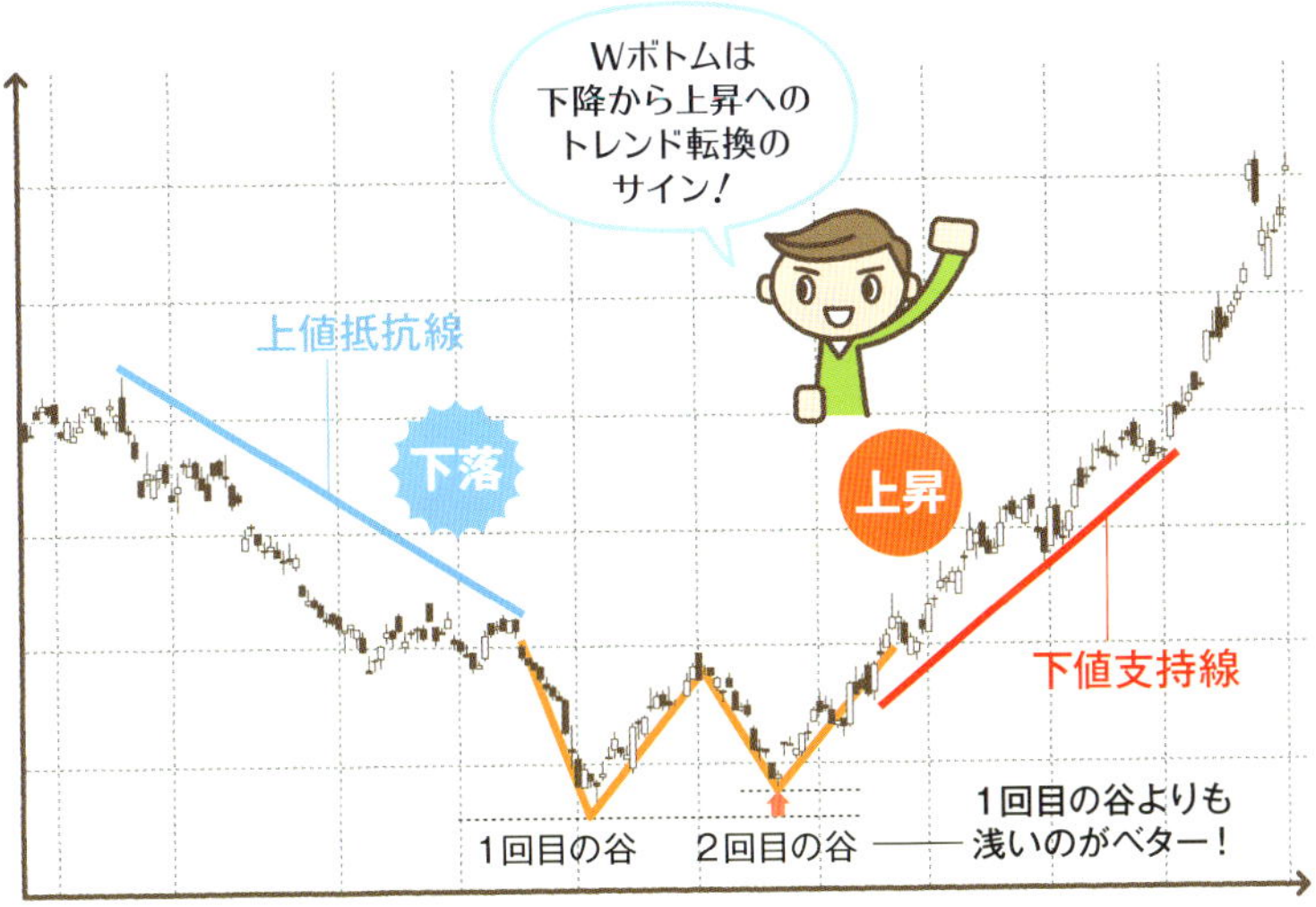

エントリーはどのタイミングで行う？

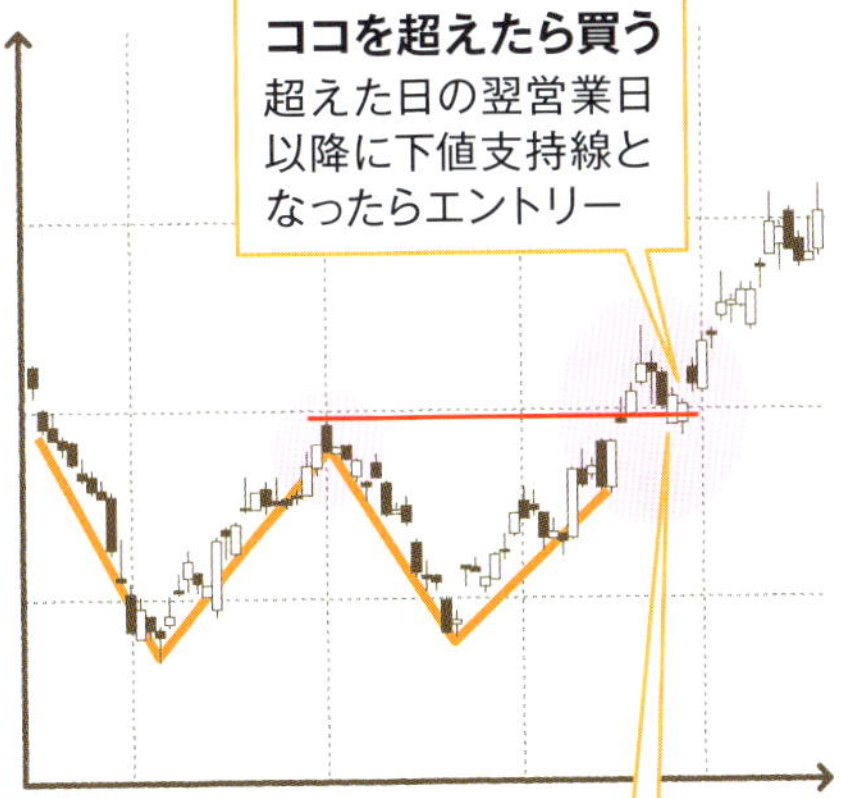

ポイント1

Wの中央部分の高値を超える

ポイント2

ポイント1をチェックしたら下げ止まりを確認してエントリー

トレンドが転換したかに注意！

エントリーのタイミングが難しいので、最初のうちは株数を少なくして行うこと

「下落」と「上昇」ではタイミングが異なる

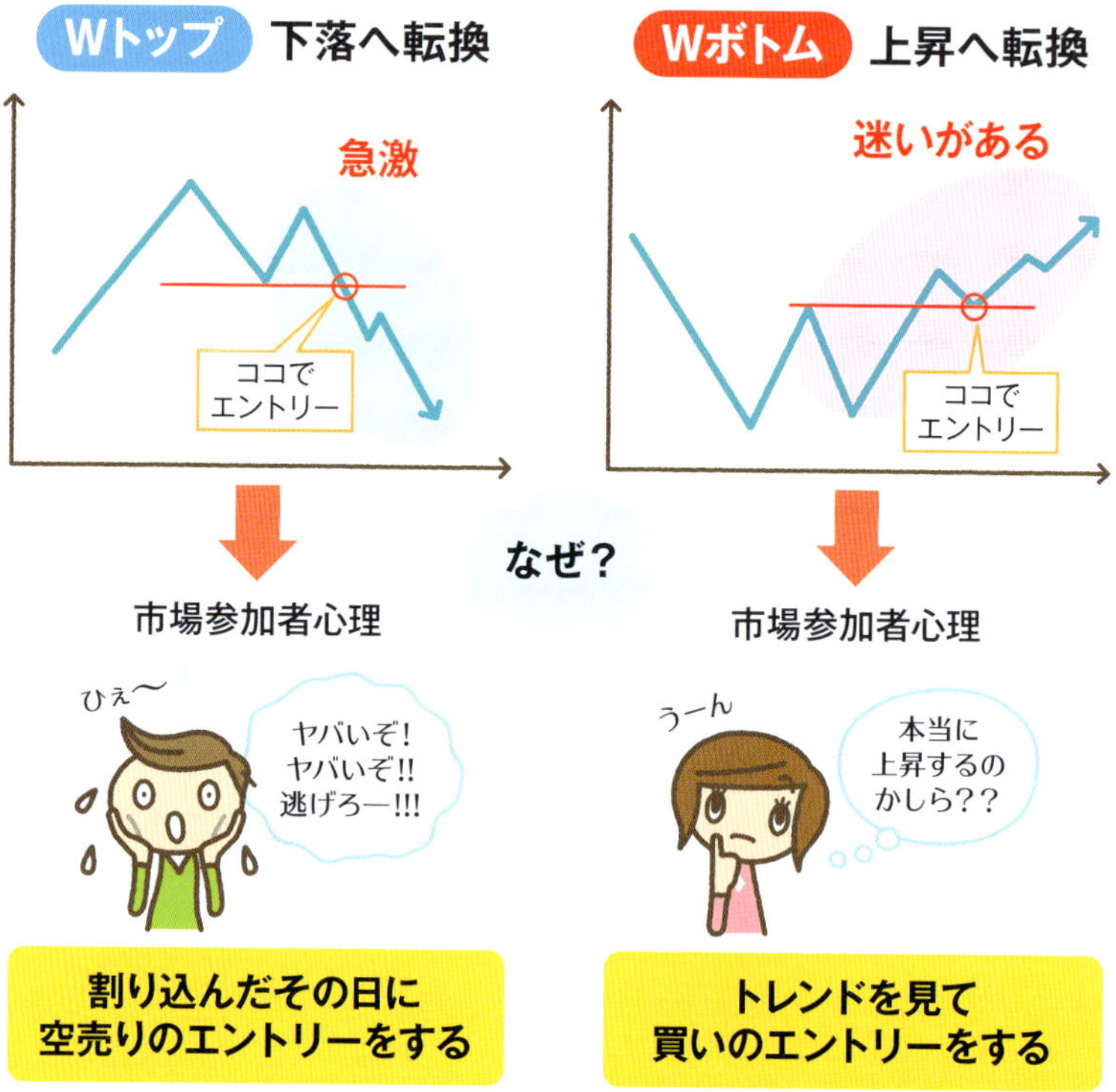

※超えた日の高値を翌営業日に超えた時点

下落への転換は速いが上昇への転換は遅い

上昇から下落への転換では、我先に逃げ出したいという人がたくさん売ってくるため、**株価はするすると下がっていくことが多いのです。**よって「空売り」の場合は早めにエントリーをします。

一方、下落から上昇に転換する場合は、上昇を疑っている人が多く、買いの勢いが続かないため、大きなエネルギーが必要になってきます。よって**スムーズに上昇しないことのほうが多いのです。**

この特性を生かして、WトップとWボトムではエントリー方法を変えるのです。

ぜんぶ成功するとはかぎらない

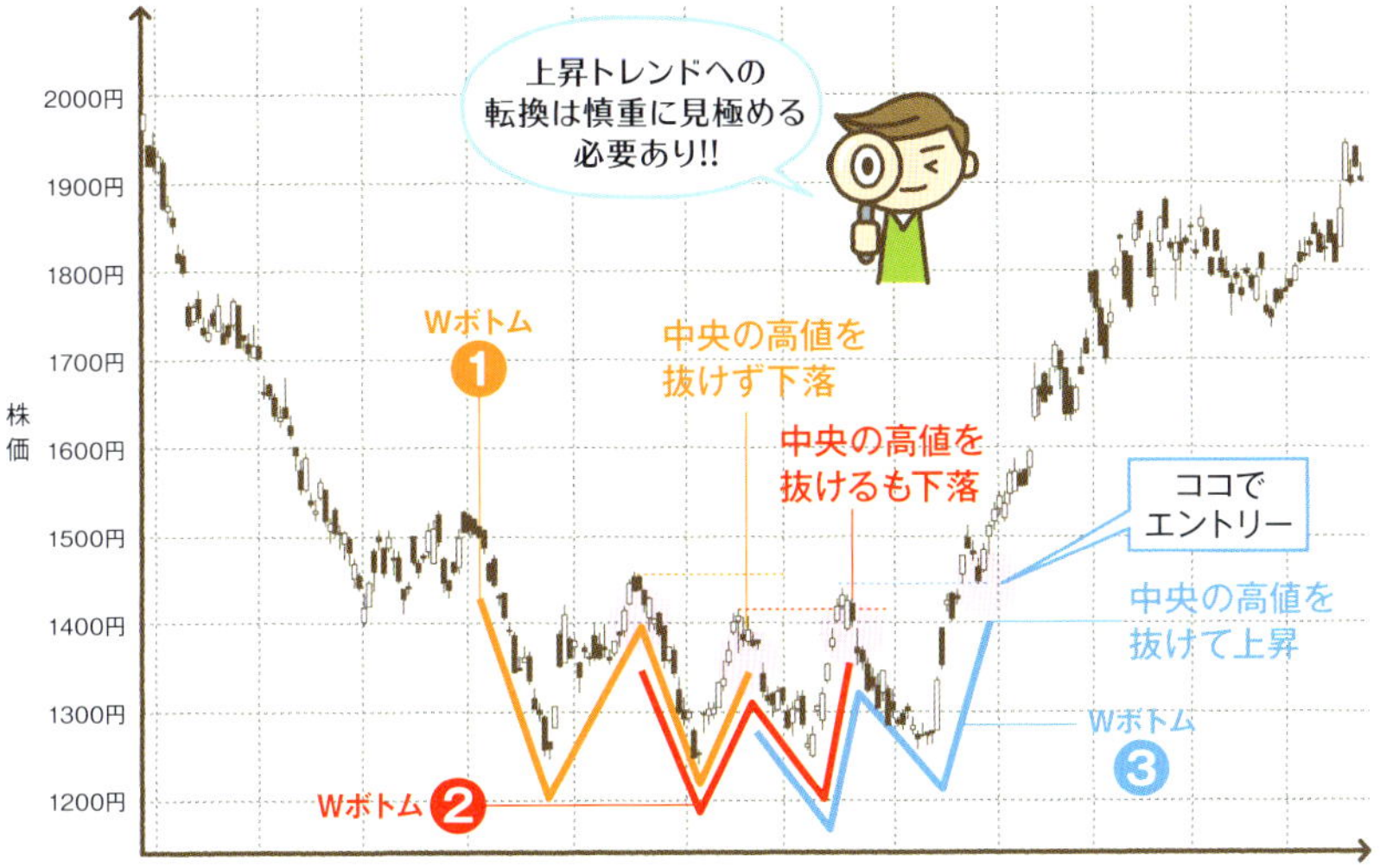

Wボトムで大事なポイントは「上値抵抗線」（下降トレンド）が「下値支持線」（上昇トレンド）に変わったことを確認してエントリーすること！

Wボトムが通用しないケースも？

どんなチャートパターンでもうまくいかないことはあります。**Wボトムも常に成功するとはかぎりません。**

たとえば上図①のWでは、中央部分の高値を抜けずに下落に転じます。②では、中央部分の高値を瞬間的に抜いているものの、失速して再び下落してしまいました。

そして③のWボトムで中央の高値を抜いて、いったん上昇した後に下落したものの下げ止まり下値支持線に変わりました。この時点で「買い」をエントリーをしていたら、大きな利益を上げられたのです。

「空売り」しないとチャンスは半減

空売りを極端に恐れない

トレードでは「買い」だけでは勝てない局面もあります。

トレードには「買い」か「売り」か「様子見」しかありません。よって動くときの半分は「空売り」となるのです。**極論すれば下降トレンドの場合、「空売りしか手はない」ともいえます。**

もちろん、どうしても空売りはしたくない、空売りは怖い、と思うのもわかります。

よく「信用取引で空売りし、株価が爆上げしてしまったら、損失は青天井になる」といわれますが、**実際にそれほど大きなリスクがあるわけではありません。**

株を売るのが商売である証券会社や企業から広告費をもらっているメディアのネガティブな印象操作が、空売りのハードルを上げているのかもしれません。

銘柄選び・売買のルールを徹底する

それでも、あえていうならば、**空売りをやらないとトレードのチャンスは半減してしまいます。**

まずは「買い」をしっかり学ぶことが大事なのは間違いありません。ですが、空売りをまったくやらないというのではなく、できる環境ぐらいは整えておいてください。

空売りは信用取引口座がないとできません。ですので、その口座は開設しておいてください。

空売りは実践するより、やらないリスクのほうが大きいのです。過度に恐れる必要はありません。

ただし、本書でこれまで紹介してきた銘柄選び・売買のルールはかならず守ってください。

空売りしないとチャンスは半減？

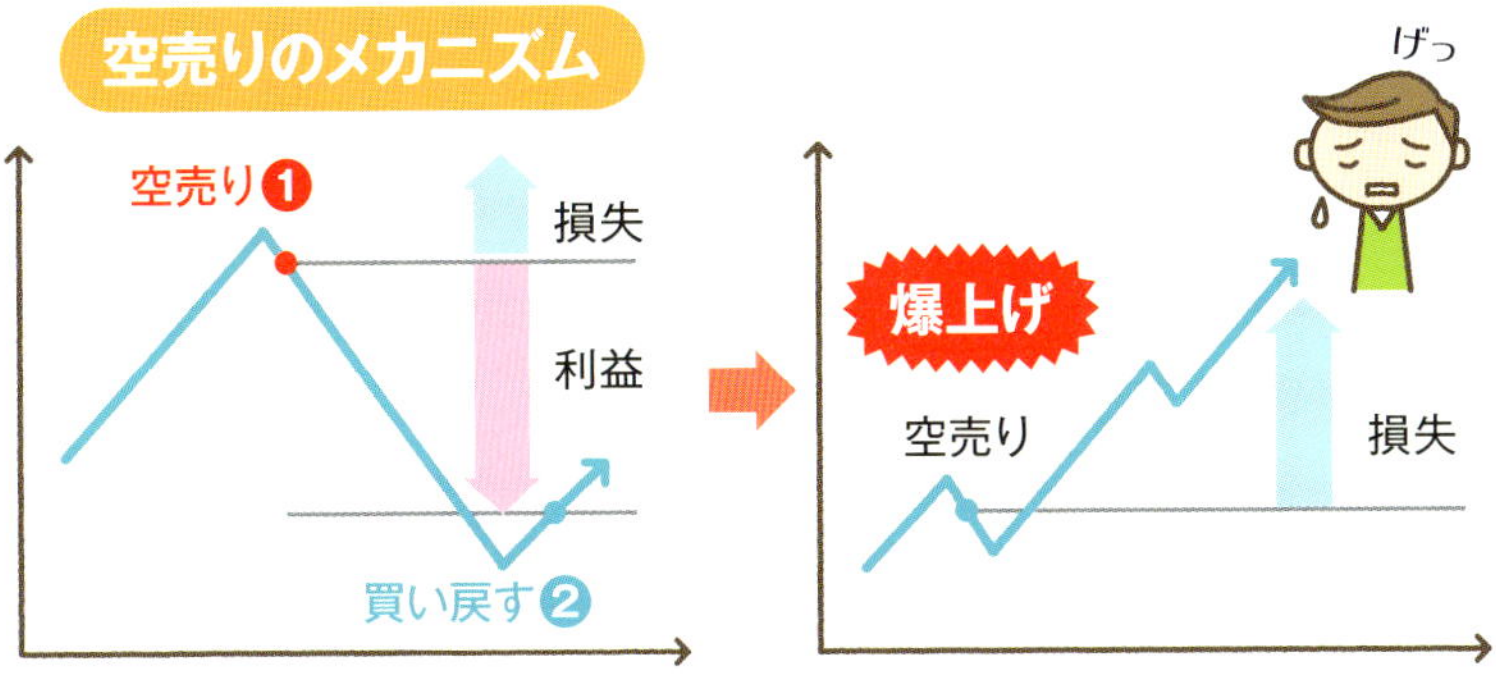

“損失”が青天井だから怖い!?

しかし

空売りのルール

これが大事

利益確定	空売りした株価の−10％で利益確定
ロスカット	自己資金の−2％でロスカット

空売りしている人の気持ちがわかるようになると「買い」でも有利になる

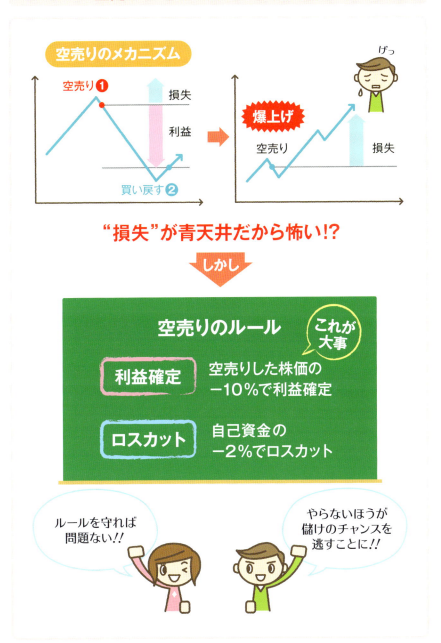

Column

Q. 当日の株式市場が終了した後、明日のトレードのために準備しておくことはありますか

Answer

まず、その日に行ったトレード、決済したトレードの「売買記録」の検証を行います。検証はプラスのトレードより、マイナスで終わったトレードを重点的に行うと効果的です。
ルールどおりにトレードしてロスカットになったのであれば問題ありませんが、チキン利食い(少しの利益の利食い)や、ロスカット設定をしているところに来る前に自らの裁量でロスカットしている場合など、ルールどおりにトレードできていないことを減らしていくためです。

悪いトレードを知り、その悪いトレードを今後排除するようにしていくのです。自分のトレードから悪いものを減らしていくと、かならず勝率や期待値が上がってきます。そうして、自分のトレードを磨いていくのが理想です。もちろん、より良いトレードをくり返すために、うまくいったトレードの検証も行います。

次に行う「銘柄選び」は、たくさんのチャートを見ていく作業になります。スクリーニングも効果的ですが、その日のランキングを見るのもよいかと思います。
上昇・下降ランキングを両方見ることで、今どんな銘柄が買われているか、売られているかが、わかるようになります。ランキングの上位50位ぐらいまでは、毎日チャートを見るようにしたいですね。

PART 6

実践!
トレーダーが実際にやっていること

43 実践！ まずは銘柄選び

どんなに本を読んでも、読むだけでは実際の利益にはなりません。これから先は、実践を通して「継続的に利益を上げられる」ようにしていかなくてはならないのです。

そこで、ＰＡＲＴ６ではあなたが「実践」していけるよう「五つのステップ」に分けて、実際のトレーダーが行っていることを解説します。

ステップ1 銘柄を選ぶ

ＰＡＲＴ３で選ぶべき銘柄について学びました。では実際にこれらをどうやって探すのでしょうか。

わたしはまず、売買代金ランキングを見ます。これは無料の情報サイトやネット証券のサイトにも載っているので、それらを活用するとよいでしょう。

相場状況にもよりますが、売買代金10億円以上の銘柄は３００程度ありますが、慣れてしまえば見るのに30分もかかりません。

次に、売買代金の大きい順にチャートを見ていきます。チャートに細かいテクニカル指標は表示しません。ローソク足、出来高、移動平均線のみです。

一つの画面に二つチャートを表示します。一つは週足チャート、もう一つは日足チャートです。

週足チャートで大きなトレンドが上方向か下方向かを確認し、日足で個々の企業のチャートパターンを探します。

ここで「ブレイクしそうなタイミングの銘柄」を選ぶのがポイントです。

三角持ち合い、Wボトムなどを形成し「そろそろブレイクしそうかな？」というチャートを選んでいくのです。

銘柄選びの実践

その1▶売買代金をチェック

http://www.xxx.xx/xxx

○○ファイナンス！
売買代金ランキング

1. ○○自動車　○○○億円
2. ×△電気　○○○億円
⋮　⋮　⋮

まずは売買代金ランキングで売買代金**10億円以上**の銘柄をチェック!!

その2▶チャートを確認

ランキング1位　○○自動車

おっ！
三角持ち合いだ

ランキング15位　△△通信

あっ！
Wボトムが
できている

売買代金の**多い順**にチャートをチェックし、**ブレイクしそうな銘柄**を探す

その3▶リストアップする

明日のリスト

○○自動車	△△通信
5500円を超えたら買い	850円を超えたら買いの準備

売買タイミングまでをリストに記し、翌日のトレードに挑む

銘柄選びの効率を上げるには、とにかくチャートをたくさん見ることが大事です

44 とても大事な資金管理「その株、何株買いますか？」

ステップ１で、わたしの行っているスイングトレードに適した銘柄を見つけられました。

条件に合う銘柄を見つけたら、次にエントリーの準備を始めます。

ステップ２ 何株買うのかを決める

これを決めることが、じつはとても重要です。株を始めたばかりの頃は儲けたい気持ちが強すぎて、必要以上のリスクを取ってしまいがちです。

たとえばトレードに使う資金が３００万円、条件に合った銘柄の株価が３００円だったとします。そこで目一杯買おうすると１万株買えます（３００万円÷３００円＝１万株）。

とくに株を始めたばかりの頃は儲けることしか考えていないため、株数が多ければ多いほど利益も大きくなると考えてしまい、この場合だと迷いもせずに１万株買ってしまうのです。

ですが、これはとても危険なことです。うまくいけば利益は大きくなりますが、**たいていの場合、思惑とは逆の方向にいってしまい、想定以上の損失をかかえてしまうのです**。

では、どうすればいいのか。

それは、損してもいい金額から逆算してエントリーする株数を決めるということです。

株価のボラティリティーやロスカットの金額を確認し、**たとえロスカットになってしまったとしても自己資金に対して２％以内の損失に収まるようにしなくてはいけません**（左ページ参照）。

あまり語られることのないリスク管理法ですが、とても効果的です。わたしは今でもこの方法でエントリーする株数を決めています。

「何株買うか？」資金管理も超重要

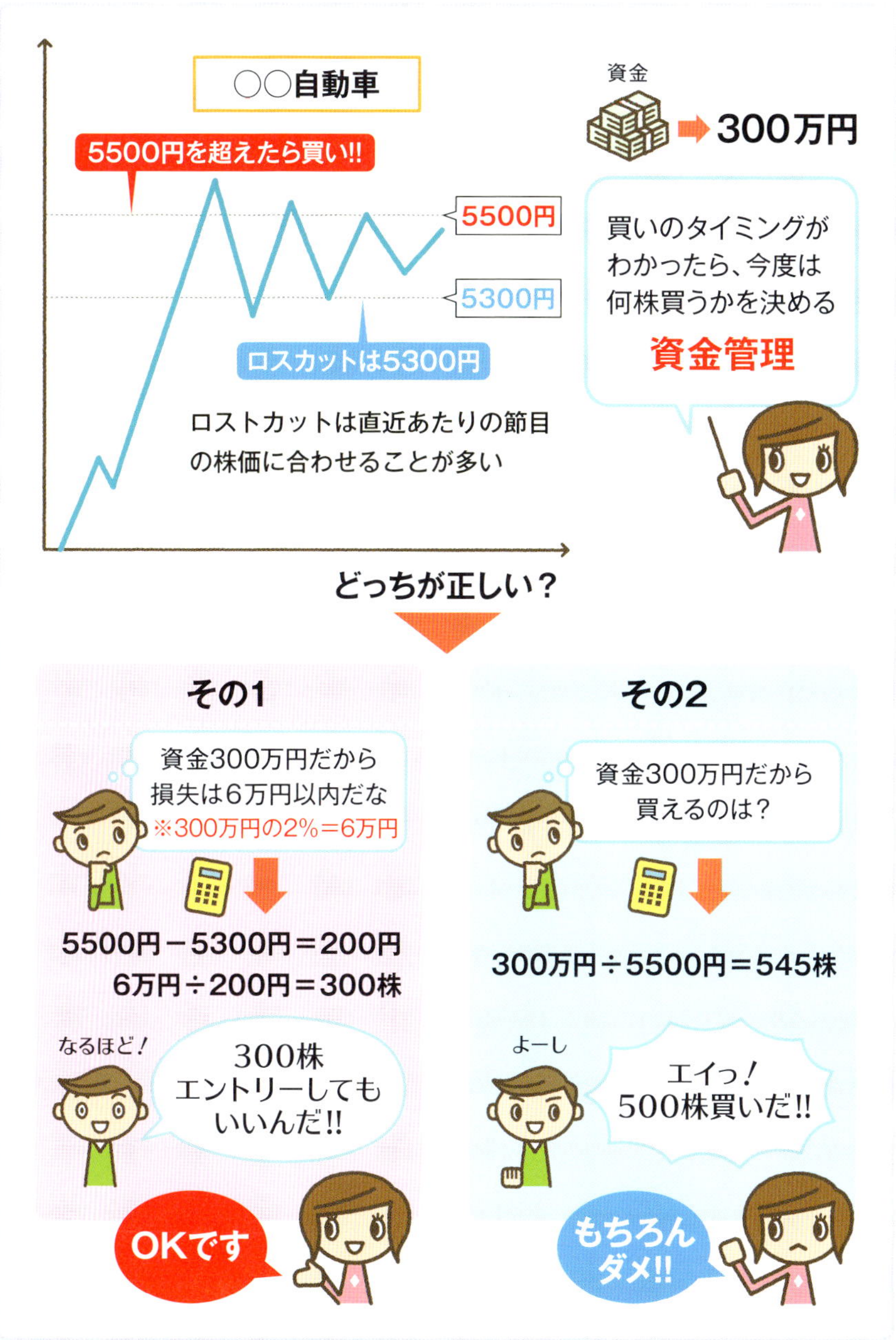

エントリーの株数は超大事！「こんなに少なくていいの？」くらいでいいのです

いよいよエントリー! 注文方法

条件に合った銘柄が見つかり、エントリーする株数が決まったら、実際に注文します。ここで使ってほしい便利な注文方法が「逆指値注文」です。

ステップ3 逆指値注文でエントリー

逆指値注文(以下、逆指値)を理解するために、まず指値注文(以下、指値)について説明します。どちらもあらかじめ設定した株価でエントリーの予約をする方法です。

《指値》

今、あなたのねらっている銘柄の株価が300円だとします。株価が290円まで下がってきたら買いたいなぁ、というときに使うのが指値です。「290円になったら買い」と、あらかじめ290円を指定して注文しておきます。

首尾よく290円まで下がってきたら指値にヒットして、その注文は約定(売買が成立)します。

現在の株価よりも、「安い株価」になったら買うというのがポイントです。

《逆指値》

今、あなたのねらっている銘柄の株価が300円だとします。直近高値が310円で、株価がここを突破したら、具体的には株価が310円を超えたら買いたいなぁ、というときに使うのが逆指値です。

逆指値は現在の株価よりも高い株価で買いたいときに使います。

現在の株価「300円」。株価が「310円」を「超えたら」「311円(以上)で買い」というように注文します。

空売りの場合は、現在の株価「300円」が「290円」を「割り込んだら」「289円(以下)で空売り」というように注文します。

指値と逆指値をうまく使おう

指値注文

逆指値注文

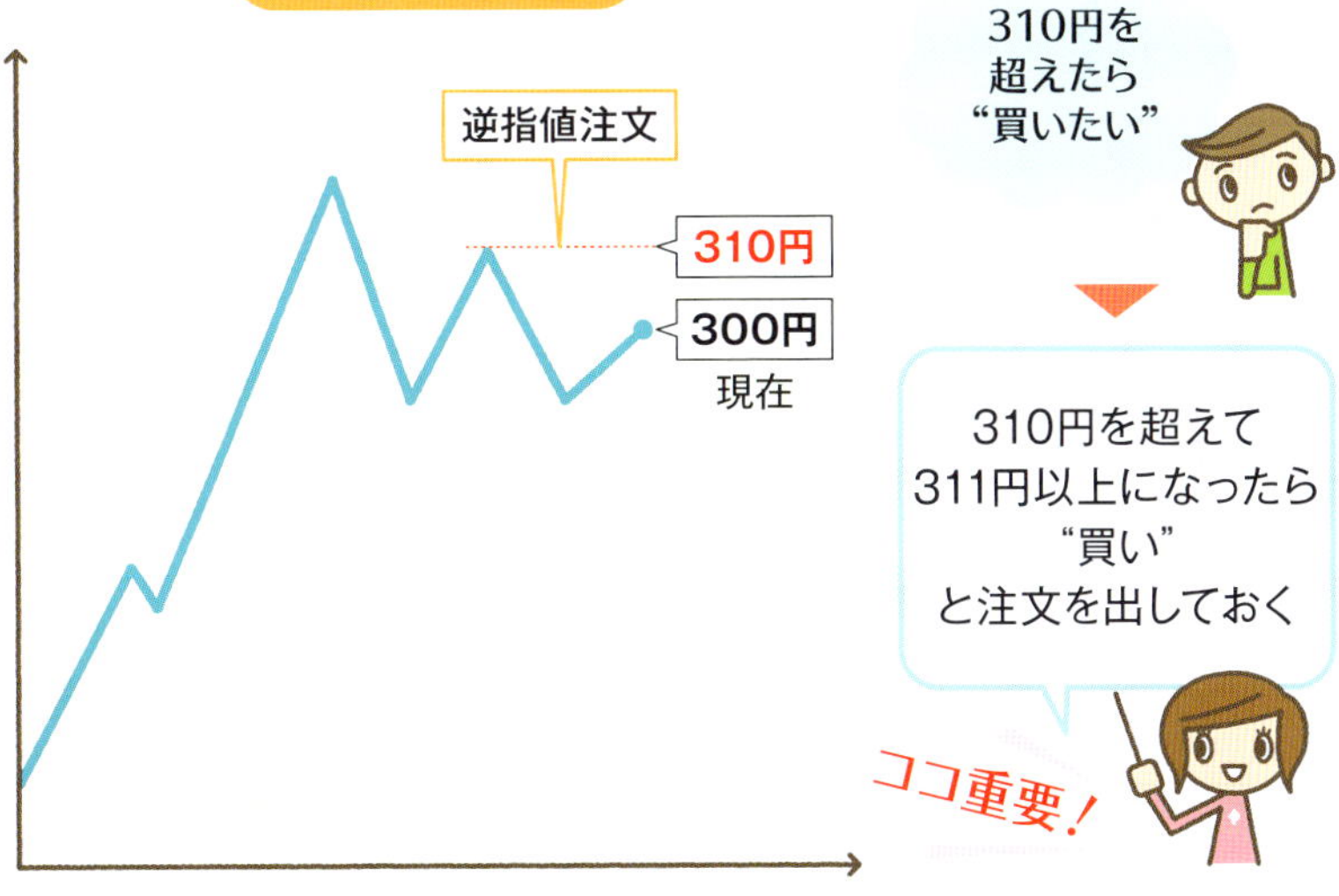

上昇している株を買うのが王道。その際、逆指値注文はとても有効です

46 トレードで一番難しいのが決済

有名な相場格言に「頭と尻尾はくれてやれ」があります。下から上までぜんぶを取ろうとして「まだ上がる」と欲張っていると下がってしまい、結局何も得られない。だから取れるところだけ取ればよい、という意味です。

では、どうすれば「取れるところ」を「取る」ことができるのか。「トレイリングストップ」という決済方法がその答えなのです。

ステップ4 トレイリングストップで決済

ここでは「決済注文」＝「ストップ注文」と考えてください。ロスカットでも利益確定でも「ストップ注文（決済）」となります。

損失を小さく抑えるにはエントリー前にロスカットの位置を決めておくことが重要です。エントリー後にもし下落してしまったら、最初に設定したストップ注文に引っかかってロスカットとなります。

逆に、エントリー後に思惑どおり上昇したら、最初に設定したストップ注文を引き上げることを「トレイリングストップ」といいます。株価が上がるたびにストップ注文を引き上げていくので、上昇し続けるかぎり利益は伸びていきます。

もしそれまで上昇していた株価が下落に転じても、ストップ注文の位置が引き上げられていれば、想定していたロスカットよりも少ない損失で済みます。もしくは利益になることだってあるのです（具体的なやり方は、左図および次項、動画を参照）。

株価に合わせてストップ注文を動かしていくだけなので、「取れるところ」だけを「取る」トレイリングストップは、利益を大きくするのに必要不可欠な技術です。

トレイリングストップって何？

トレイリングストップ → 前日の安値でロスカットのラインをくり上げていく方法

詳細は次項と動画を参照

※空売りの場合は前日の高値でくり下げていく

❶ まずはエントリー

❷ すぐにロスカットを設定

❸ 日ごとに更新する

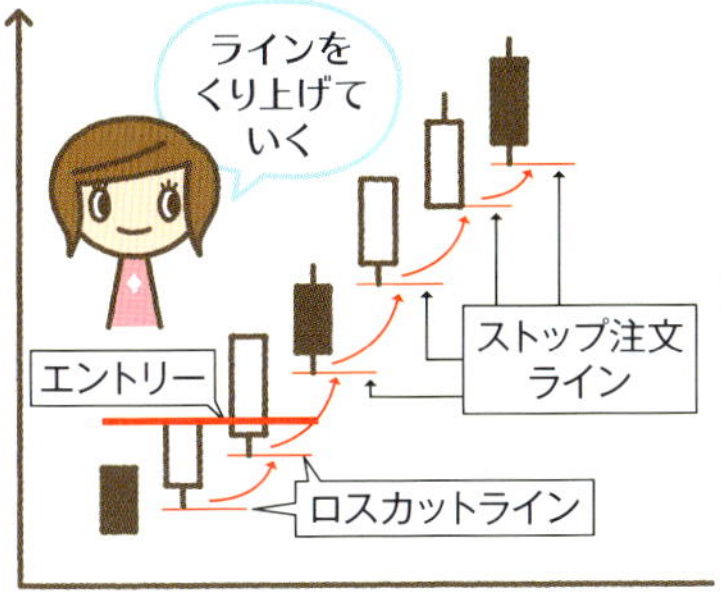

❹ ロスカット

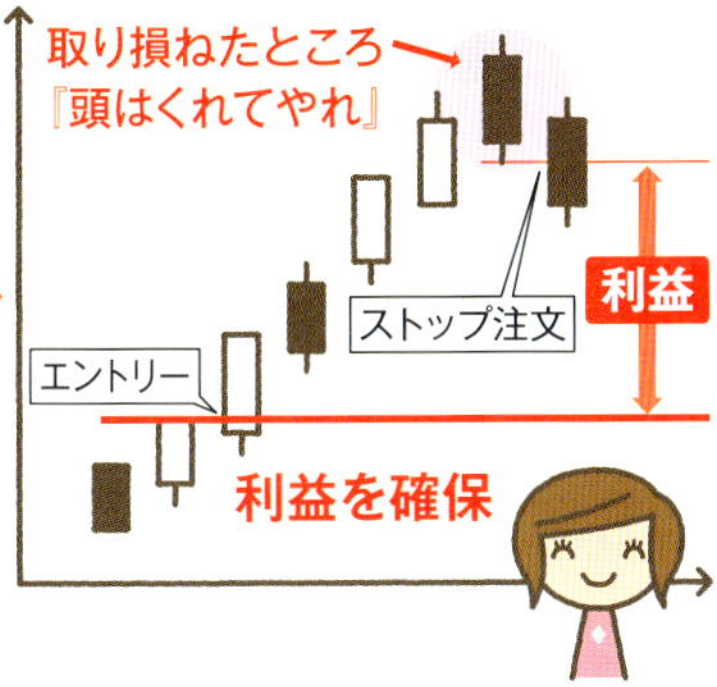

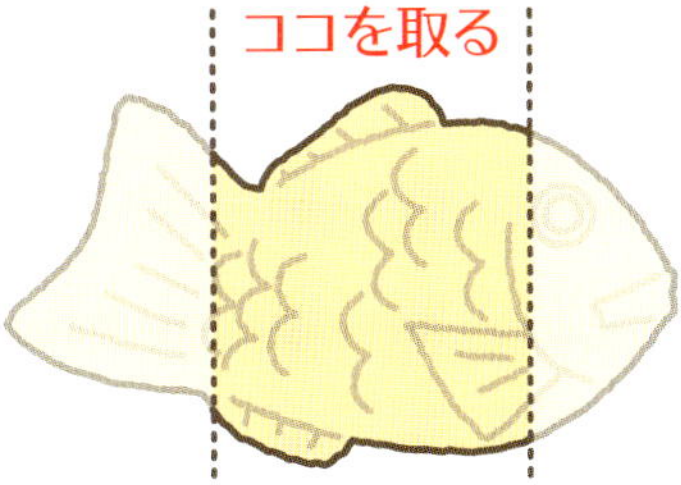

「損を受け入れる」「取れたかもしれない利益を気にしない」ことが大切

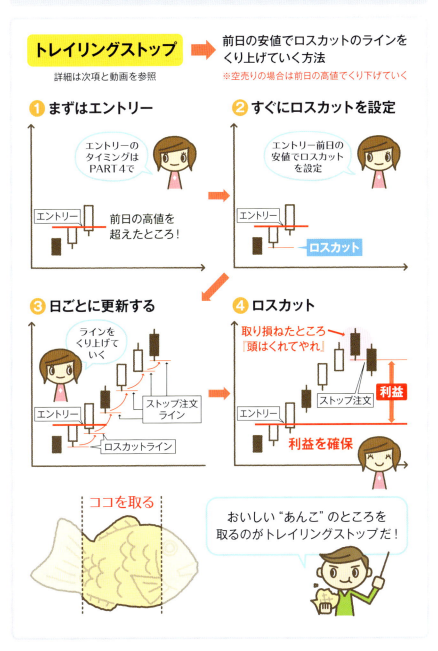

47 トレイリングストップ注文を実践しよう

利益を大きくしていくのに有効なのが、前項でも解説した「トレイリングストップ注文」です。

最初はロスカットとしての注文になるのですが、株価が上昇していく度に決済注文の値段を引き上げていく（空売りの場合は逆）ので、次第に利益確定注文になっていくのです。

なお、このトレイリングストップ注文は買いの場合でも空売りの場合でも機能します。

以下に「買いの場合」のトレイリングストップ注文について、順に説明していきます。

●エントリー1日目終了後

左図の赤い点線の上値抵抗線を超えてきたので、4500円を超えたところで買いエントリー。ストップ注文を前日安値の4200円からエントリーした日の安値4350円に引き上げる。

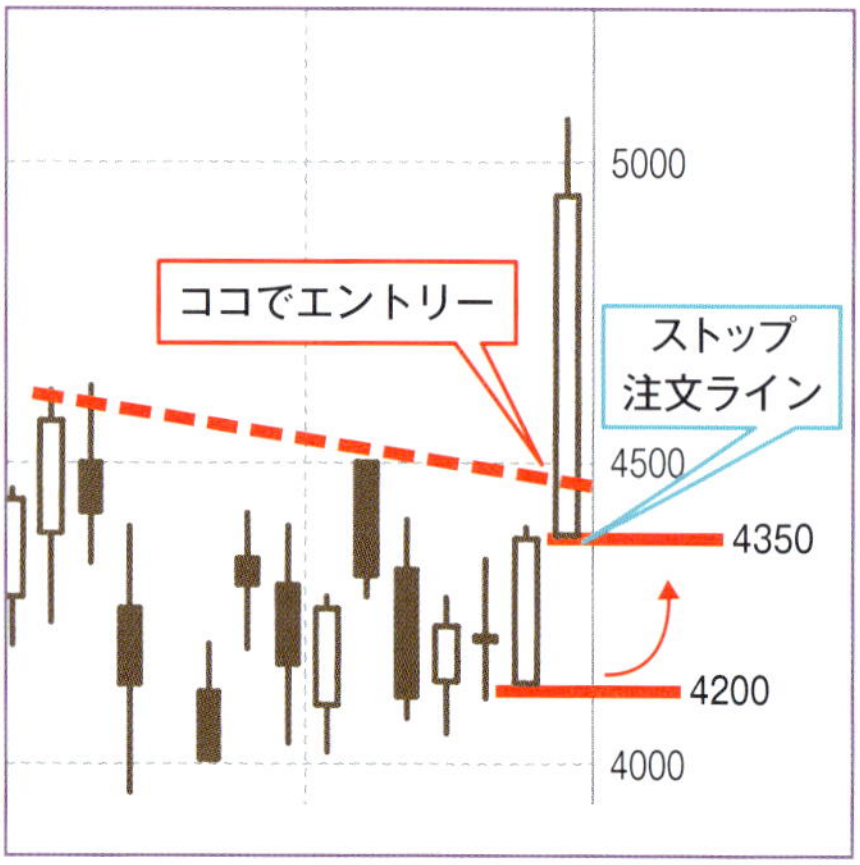

●エントリー2日目終了後

この日も大きく上昇したので当日の安値4900円までストップ注文を引き上げる。この時点でエントリー価格4500円を超えたのでストップ注文まで下落してしても利益確定になる。

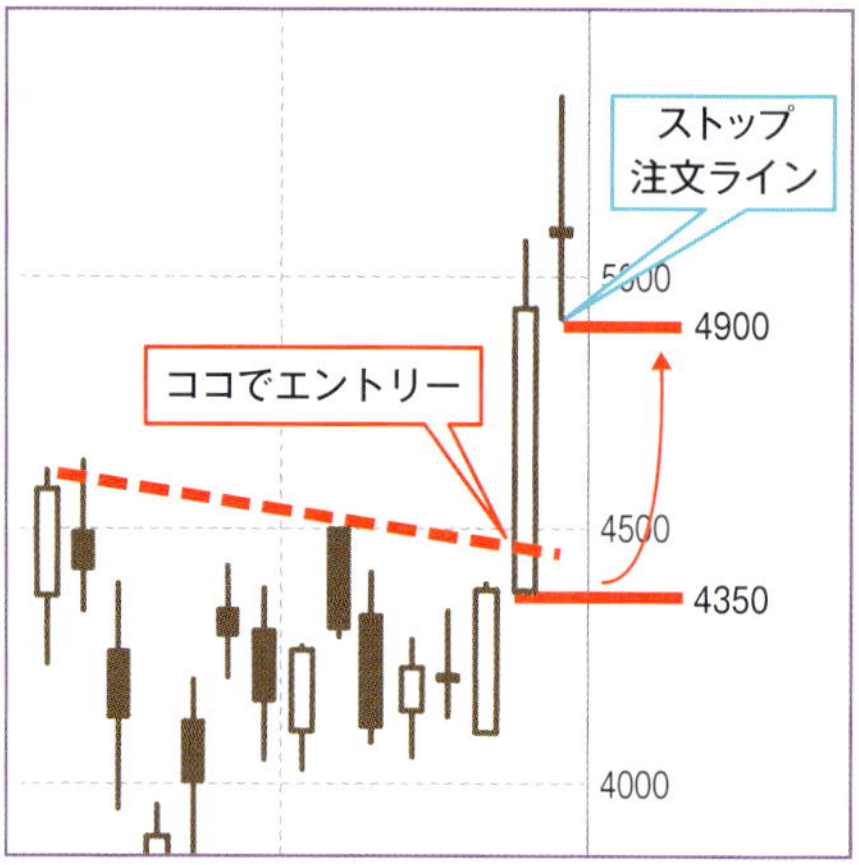

●エントリー3日目終了後

さらに大きく上昇。この上昇幅を取れるのがトレイリングストップの醍醐味である。

４９００円から当日の安値５２００円までストップ注文ラインを引き上げていく。

●エントリー4日目終了後

終値ベースでは下落してしまったが、高値が更新され、安値も更新された。

よって、ストップ注文ラインを５２００円から当日の安値５５００円に引き上げる。

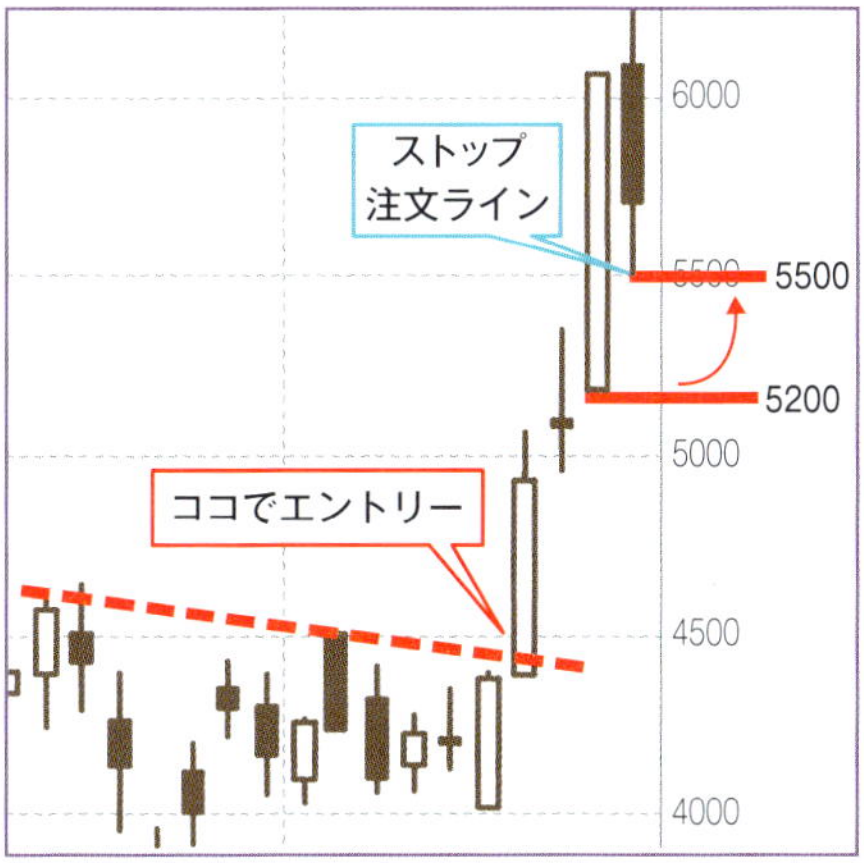

●エントリー5日目終了後

ストップ注文ラインに引っかかったため決済。４５００円でエントリーし、５５００円で決済。＋22・2％の利益。

１００株45万円分買っていたら10万円の利益。エントリー後の最高値は６３００円だったが、欲張らず、取れるところを取る。

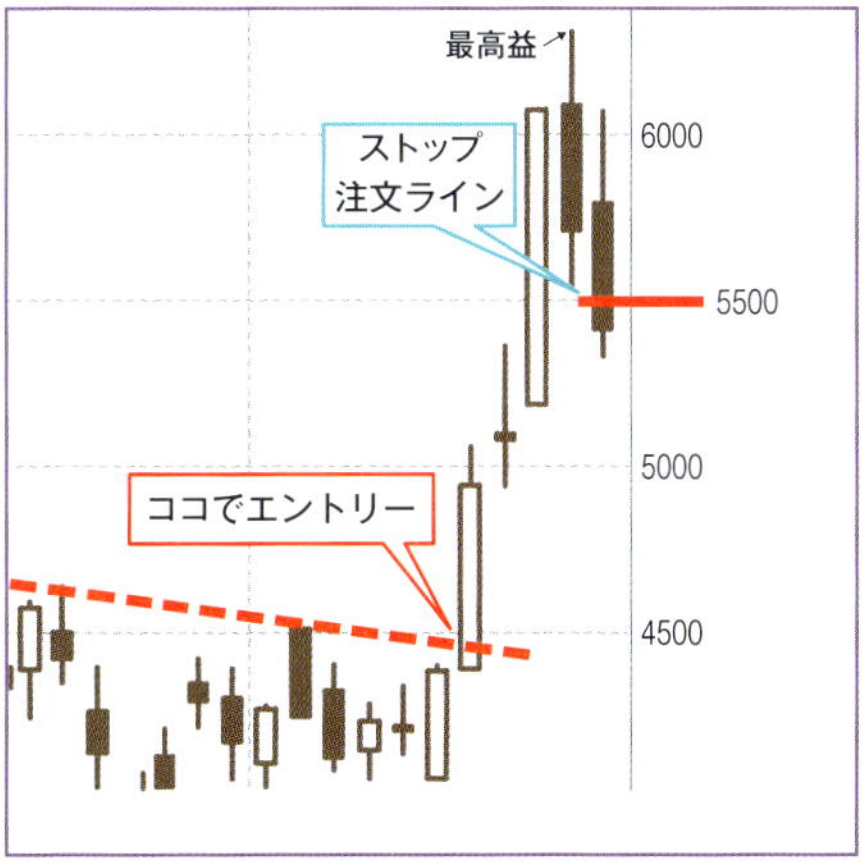

想定していた以上に利益になることがあるのが、トレイリングストップ

48 売買記録をつけよう

「彼(敵)を知り、己を知れば、百戦殆《あや》うからず」

とても有名な、孫子の兵法書にある言葉です。誤解を恐れずにいうならば、本書は敵(マーケット)を知るものです。あなたは戦場で勝ち続けるために敵のことを広く学びました。でも、この言葉のとおり、敵を知るのと同じかそれ以上に「己を知る」ことが重要です。

ステップ5
売買記録は最高の教科書

どんなトレード方法でも、自分に合うかどうかは行ってみないとわかりません。

投下資金だって、数千万円の貯金がある中での余裕資金の300万円なのか、ぎりぎりひねり出した300万円なのかによって、どれだけリスクが取れるか変わってきます。もっといえば、老若男女様ざまな人がいるのに、すべて同じ方法でいいわけありません。

とはいえ、何もわからずじまいでは始まりません。まずは本書で学んだスイングトレードを行ってみてください。そして、**かならず「己を知る」ために売買記録をつけるようにしてください。**つけていくと自分のクセや、やってしまいがちなミス、銘柄や値動きの好き嫌いなどがわかってきます。

「俺は買いよりも空売りのほうが利益を出しやすい」「わたしは製造業や造船業のような会社の値動きが好きだわ」というように、決して他人からは学べないあなただけのオリジナルの教科書が、この売買記録なのです。

さらに**数字で統計をとるので、あいまいな感覚でない、己の弱点があぶり出されます**。学ぶだけでなく、売買記録をつけることで百戦しても勝ち越せるのです。

売買記録はこうつける

証券コード	1234	銘柄名	株の学校	買い/空売り	買い	売買ルール	三角持ち合い
エントリー日付	00/00/00	エントリー価格	4,000円	決済日付	00/00/00	決済価格	5,800円
損益	45%			保有期間	11日間		

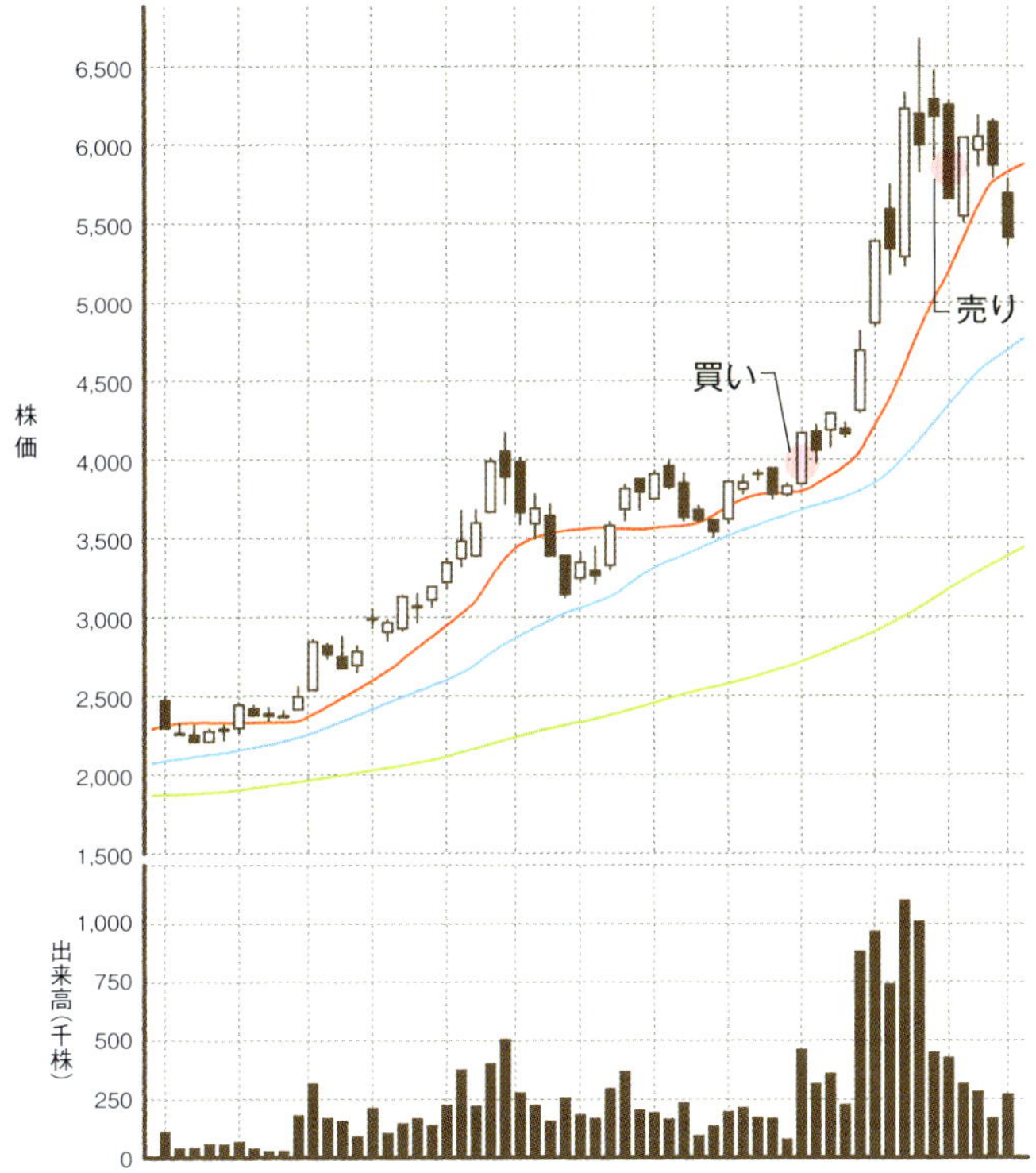

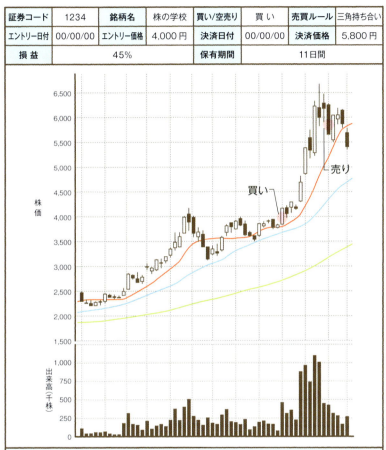

メモ

出来高をともなって2か月上昇した後に1か月間横ばいだった。その間出来高が下がっていたにもかかわらず、株価は4000円あたりを推移していた。そうこうしているうちに三角持ち合いの形になってきたため、○○月○○日に上値抵抗線である4000円でエントリーをした。エントリーした初日から大きく上昇してくれた。ボラティリティーが大きく、日々の損益が大きく変わるため、含み益が減った○○日はとてもつらい思いをしたが、ルールにしたがった結果、大きな利益となった。引き続き監視を続けてまたチャンスがあればエントリーしたい。

UP 記録をつけて弱点や改善点をあぶり出す。その繰り返しで成長していこう！

スマートフォン、タブレット、パソコンで見られる!

読者限定【無料】特典映像の内容

「野球」と「柔道」が利益の鍵!

100年先も変わらない株の原則で

30万円を1億円に変える秘密とは?

株で今より「安全」に成功するための方法を3つの技術と実例に分けて4つの映像を1時間45分で公開

CD-ROM or 専用サイトで2つの映像50分

1. 損をしない**「守る」**技術
2. 利益を伸ばす**「攻める」**技術

CD盤面の無料かんたん登録で追加プレゼント

3. チャンスをつかむ**「見極める」**技術
4. チャートを読み解く**「実践」**の技

※WEB編は、インターネットに接続の上、専用のウェブサイトに移動してご覧ください。

今すぐ読者限定【無料】映像を見るには

●以下に記載された①～③のいずれかの方法でご覧いただけます。

① 検索ボックスに「カブカブコム」を入力してサイトを検索

カブカブコム　検索

② 下記URLを直接入力して専用サイトにアクセス

k3g.jp

③ CD-ROMドライブ付きのパソコンで映像を見る

●Windowsをご利用の方

CD-ROMをコンピューターに挿入すると自動再生でソフトウェアが実行されます。
実行されない場合は、「forWin」をダブルクリック等で実行してください。

●Macintoshをご利用の方

「forMac」をダブルクリック等で実行してください。

※CD-ROM、検索、URL入力のいずれも同じ特典動画が視聴できます。

合計4つの映像の中から、2つの映像を本書付属のCD-ROMに収録しました。こちらはパソコンで見ることが出来ます。

⚠【警告】このディスクは「CD-ROM」です。

DVDプレイヤー、音楽プレーヤーでは絶対に再生しないでください。
大音量によって耳に障害を被ったり、スピーカーを破損する恐れがあります。

●動作環境　◆付録閲覧のためのインターネット接続（ADSL以上を推奨）

Windows

◆ ソフトウェア　MicrosoftWindows XP、または Windows Vista、または　Windows 7、Windows Media Player 10以上

◆ ハードウェア　Intel Pentium M 1.5GHz、または同等以上のスペックCPU、Windows XPで512MB以上、Windows Vista 及び Windows 7 で1GB以上のRAM、700MB以上のハードディスクの空き容量

Macintosh

◆ ソフトウェア　Mac OS X 10.4 (Tiger) 以上、QuickTime7 以上

◆ ハードウェア　Intel CPU、512MB以上のRAM(1GB以上を推奨)　700MB以上のハードディスクの空き容量

TEL:03-3216-7354　営業時間 月～金 午前9時～午後5時（土・日・祝日休み）
株式会社トレジャープロモート　問合せメールアドレス　info@tpromote.com

あとがきにかえて

わたしは学生時代に30万円を元手に株を始めました。

その後、入社した会社のＩＰＯ（株式の新規公開）を通して投資やビジネスについて多くを学び、退社後にトレードを再開したことで様ざまな夢を叶えることができました。

中でも、学生時代からの夢だった母親孝行と学校建設、さらに２０１１年の東日本大震災直後に自分が必要と感じた支援ができたのもトレードをやっていたおかげだと考えています。

トレードによって夢を叶え、様ざまな活動を通して多くの素晴らしい友人、仲間に恵まれて今があります。

ですが、かつてわたしは「皆トレードをすればいい」とは思っていませんでした。基本的にトレードを勧めていませんでした。なぜならきちんと相場と向き合い、学び、一歩ずつ前に進むには困難も多く、それをサポートする仕組みがなかったからです。

逆に「真剣に学びたい」としている人に対して、粗悪で高額な教材が多く出回っている状況で、「そんな教材ではトレードを始めても儲からないのになぁ」と苦々しく思っていました。

そんなとき「株の学校ドットコム」を一緒にやらないかというお誘いをうけました。トレードの素晴らしさやトレードを学べる仕組みがない現状を知っていたので、日本の投資教育のために、本気の人に本気で応える学校である「株の学校ドットコム」に参加しました。

今では多くの受講生が「株の学校ドットコム」で学んでいます。中には億を超える利益を出したり、1年で資金を10倍にしたりする人もいます。ここまで大きな利益をすぐに上げるのは難しいかもしれません。でも、真剣にしっかり学ぶことで、トレードを通して夢を叶える人が増えているのも事実です。

トレードの勉強を独学で行い、勝てるようになるのは簡単ではありません。ですが、しっかりと「投資とトレードの違い」を理解し、自分に合った方法を身につけられたら、あなたも同じように夢を叶えられるはずです。

本書をここまで読んでいただきありがとうございました。あなたはもう、しっかり学ぶ準備ができています。

これから先、トレードを通して叶えられる夢があるならば、ぜひ実現していただきたいと思います。その夢の実現に本書が役に立つのであれば、これに勝る喜びはありません。

窪田　剛

「株の学校ドットコム」について

「株の学校ドットコム」は、投資やトレードなど、個人や団体の経済状況に大きな影響を与えるテーマについて、本当に実効性のある技術とその教育手法を模索し、その成果を広く日本全体に還元することを使命として、2002年夏に発足しました。

個人や団体の資金を長期的に増加させる、投資やトレードの技術に関する日本の教育は、まったくといっていいほど十分ではありません。

たとえば、日本では「人前でお金の話をするなんてはしたない」といわれるのに対し、アメリカの富裕層では子供の12歳の誕生日に、社会の仕組みを勉強するきっかけとして、親が上場企業の株式をプレゼントする習慣があるといわれています。

プレゼントされた子は、自分の資産に影響を与える自国の経済状況・政府の政策に無関心ではいられなくなるようです。その結果、それらについて自ら勉強する習慣が身につくといわれます。

「経済や政治をむりやり教えるのではなく、しぜんと学びたくなるきっかけを与える。そして、そのしぜんに湧いたモチベーションに効果的に答える教育がある」……そんな状況を日本でも一日も早く実現したいと願っています。

子供への投資やトレードの教育も大事ですが、まずは彼らの教育に責任を持つ大人が、自分の経済状況に大きな影響を与える投資やトレードについて、実効性が高くリーズナブルな教育を受けられるようにすることが先決だと思っています。

そのために、投資・トレード教育のインフラとコンテンツをつくり、継続的に自らの力で稼ぎ続けるための知恵とスキルを提供し、またその実践過程を応援することで、多くの向上心あふれる個人や団体の活躍をサポートするよう「株の学校ドットコム」は日々活動しております。

株の学校ドットコム　運営会社
株式会社トレジャープロモート
代表取締役　柴田博人／瀬川 丈
https://www.kabunogakkou.com/

●株の学校ドットコムフェイスブック
http://www.facebook.com/kabunogakkou
インターネットで検索する場合は「株の学校ドットコム」で検索してください。

監修者

柴田博人　しばた ひろひと

1968年生まれ。東京都出身、建築工学専攻。26歳から独立する起業家。投資は株以外にも不動産投資にも精通し、国内、海外を問わず複数の物件を所有。ビジネス構築においてもプロであり、複数の会社の経営に携わる傍ら、経営者育成も行っている。英国宇宙開発企業と宇宙飛行士として宇宙船搭乗契約も交わしている。監修書に『心をひらく～あなたの人生を変える松下幸之助～』(ジェームス・スキナー著・PHP研究所)、『株の学校　超入門』(窪田剛著・高橋書店)、著書に『デキない人のお金の使い方×デキる人のお金の使い方』(竹松祐紀共著・CCCメディアハウス)などがある。

著者

窪田剛　くぼた つよし

1981年生まれ。長野県出身。トレーダー。数日から数週間保有するスイングトレードがメイン。宇宙や医療関連ベンチャーにエンジェル投資を行っているほか、海外株や国内外不動産、レストランにも投資を行っている。28歳の時にネパールに学校を寄付する。震災後は「東北を、日本を、花火で、元気に。」というコンセプトのライトアップニッポンに参加。著書に『株の学校　超入門』(柴田博人監修・高橋書店)がある。

ツイッター ID:@kubotat

株の学校　改訂新版

監修者　柴田博人

著　者　窪田　剛

発行者　高橋秀雄

編集者　原田幸雄

発行所　**株式会社 高橋書店**

〒170-6014 東京都豊島区東池袋3-1-1 サンシャイン60 14階

電話　03-5957-7103

ISBN978-4-471-21085-4　©SHIBATA Hirohito, KUBOTA Tsuyoshi　Printed in Japan

本書の内容についてのご質問は「書名、質問事項(ページ、内容)、お客様のご連絡先」を明記のうえ、郵送、FAX、ホームページお問い合わせフォームから小社へお送りください。

回答にはお時間をいただく場合がございます。また、電話によるお問い合わせ、本書の内容を超えたご質問にはお答えできませんので、ご了承ください。本書に関する正誤等の情報は、小社ホームページもご参照ください。

【内容についての問い合わせ先】

書　面　〒170-6014 東京都豊島区東池袋3-1-1 サンシャイン60 14階　高橋書店編集部

ＦＡＸ　03-5957-7079

メール　小社ホームページお問い合わせフォームから　(https://www.takahashishoten.co.jp/)

【不良品についての問い合わせ先】

ページの順序間違い・抜けなど物理的欠陥がございましたら、電話03-5957-7076へお問い合わせください。ただし、古書店等で購入・入手された商品の交換には一切応じられません。

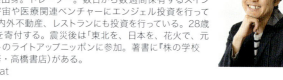